306.0899

VOLUME ÉLAGUÉ

20.00

L'attrape-rêves

DU MÊME AUTEUR

Romans / nouvelles

Un amour maladroit, Paris, Gallimard, 1961
Les Infusoires, Montréal, Hurtubise HMH, 1965
La Femme de Loth, Paris, Laffont, et Montréal, Hurtubise HMH, 1970
New Medea, Montréal, Quinze, 1974
Charles Lévy, M.D., Montréal, Quinze, 1977
Lot's Wife (*La Femme de Loth*), traduit du français par John Glassco, Toronto, McClelland and Stewart, 1975
Portrait de Zeus peint par Minerve, Montréal, Hurtubise HMH, 1982
Sara Sage, Montréal, Hurtubise HMH, 1986
Boomerang, Montréal, Hurtubise HMH, 1987
Clichés, Montréal, Hurtubise HMH, 1988
Remémoration, Montréal, Hurtubise HMH, 1991
Éphémères, Montréal, Hurtubise HMH, 1993
Le Jeu des sept familles, Montréal, Hurtubise HMH, 1995
Confiteor, Montréal, Hurtubise HMH, 1998
Bis, Montréal, Hurtubise HMH, 1999
Mea culpa, Montréal, Hurtubise HMH, 2001

Poèmes

« Poèmes », Montréal, *Écrits du Canada Français*, nᵒ 15, 1963
Jéricho, Montréal, Hurtubise HMH, 1971
Schabbat, Montréal, Quinze, 1978
Babel Opera, Laval, Éditions Trois, 1989
Miserere, Laval, Éditions Trois, 1991
Éphémérides, Laval, Éditions Trois, 1993
Lamento, Laval, Éditions Trois, 2001

Œuvres dramatiques

« Le cri de la folle enfouie dans l'asile de la mort », Montréal, *Écrits du Canada Français*, nᵒ 43, 1981

Monique
Bosco

L'attrape-rêves

HURTUBISE
HMH

COLLECTION L'ARBRE

Données de catalogage avant publication (Canada)

Bosco, Monique, 1927-

L'Attrape-rêves
(L'arbre)

ISBN 2-89428-579-5

1. Autochtones – Amérique du Nord – Conditions sociales. 2. Indiens d'Amérique – Amérique du Nord – Conditions sociales. 3. Indiens d'Amérique – Acculturation – Amérique du Nord. 4. Réserves indiennes – Amérique du Nord. I. Titre. II. Collection : Collection L'arbre.

E98.S67B67 2002   306'.089'97   C2002-940316-2

Les Éditions Hurtubise HMH bénéficient du soutien financier des institutions suivantes pour leurs activités d'édition :

• Conseil des Arts du Canada
• Gouvernement du Canada par l'entremise du Programme d'aide au développement de l'industrie de l'édition (PADIÉ)
• Société de développement des entreprises culturelles su Québec (SODEC)
• Programme de crédit d'impôt pour l'édition de livres du gouvernement du Québec

Maquette et illustration de la couverture : Olivier Lasser
Maquette intérieure et mise en page : Lucie Coulombe

Copyright © 2002, Éditions Hurtubise HMH ltée

Éditions Hurtubise HMH ltée
1815, avenue De Lorimier
Montréal (Québec) H2K 3W6
Tél.: (514) 523-1523 Téléc.: (514) 523-9969
edition.litteraire@hurtubisehmh.com

Distribution en France :
Librairie du Québec / DEQ
30, rue Gay-Lussac
75005 Paris FRANCE
liquebec@noss.fr

ISBN : 2-89428-579-5

Dépôt légal : 1er trimestre 2002
Bibliothèque nationale du Québec
Bibliothèque nationale du Canada

Imprimé au Canada
www.hurtubisehmh.com

Il faudrait essayer, timidement, effrontément même, de faire l'innocente, celle qui s'obstine, malgré tout, à vouloir tenir son rôle. Innocente qui croit encore qu'on peut lui en confier un autre, plus à sa mesure. Mais il n'existe plus de beaux rôles, de grands rôles quand on a dépassé un certain seuil.

Il serait fou et faux de nier l'importance démesurée de ce temps qui passe, nous laissant toujours plus à sa merci. Le poids du temps qui passe, chez moi toujours perdu, jamais retrouvé, transcendé. Que faire pour qu'il joue son vrai rôle ? Quel travail, mission impossible lui confier ? Les rôles sont distribués depuis si longtemps qu'il faut juste s'accommoder de ce qui reste.

Comment faire contre mauvaise fortune bon cœur ?

À qui poser ces questions, tant de questions et si peu de réponses. La sagesse nous commanderait d'arrêter ce jeu enfantin où je me complais depuis l'innocence première et aller de l'avant sans que rien ne m'arrête. Têtue, forcenée, farouche. Il faudrait une détermination, un courage obstiné. Seuls ceux qui les possèdent — ou les cultivent — seront libres de s'enfoncer, toujours plus loin, au cœur du pays perdu.

Mais les pays, ces paysages aimés, abordés avec la volonté de ne jamais les oublier, se sont dérobés, et il n'en reste rien.

Rien ne reste, sauf peut-être de loin en loin, une fulgurance du souvenir, un irrévocable sursaut, une sorte de mémoire qui ne se laisse ni fléchir ni circonvenir. On voudrait crier : reste, reste, ne t'efface pas, reste encore un moment, une minute, tu es à moi, tu fus à moi, tu ne peux me quitter ainsi, si vite, irrémédiablement. Plus on crie et se démène, plus tout s'efface, car tout s'efface.

Il faut bien dire que, dès le début, l'origine, nous avons tout fait pour que s'enclenche le mécanisme qui nous torture aujourd'hui. Dès que l'ombre de la douleur ou de la peur se profilait à l'horizon, tu étais la première à crier, à harceler tout un chacun pour être épargnée. «Non, non, pas aujourd'hui. Je ne le supporterais pas.» Il n'y avait pas de quoi fouetter un chat, mais tu en miaulais déjà de terreur. Perpétuellement, tu as eu recours à ces esquives, tant piaulé à l'avance que tu as lassé et écorché les oreilles de ceux qui t'entouraient.

Il n'y a pas à s'étonner si, aujourd'hui, tu te retrouves quasi seule. On pourrait te répondre que tu as tout fait pour cela. Une fois encore, tu te refuses à voir ce qui crève les yeux des autres, que tu as soigneusement, délibérément écartés. Tu peux évidemment clamer que, dans ta bêtise innée, tu ne fais, jamais, rien délibérément. Là, il y a assurément du vrai.

Donc, ce ne fut pas volontairement que tu as mené cette vie que tu ne reconnais plus pour tienne aujourd'hui. On veut te croire mais cela ne change rien, au bout du compte.

Comment reprendre le décompte sans fausser les lois qui nous gouvernent? En fait, tu as toujours agi comme si, toi, tu n'avais pas à te plier à la loi commune. Quel mauvais ange t'a poussée dans cette voie sans issue? Il y a une route, bien balisée, goudronnée de frais et toi, tu t'obstines à prendre le chemin de terre, cailouteux, qui s'offre comme pour te narguer, car on sait bien que tu t'y engageras.

«Ici, c'est plus joli, pittoresque!» criais-tu. Certes. Et après, quand tu avais définitivement perdu tout sens de la direction, ne sachant plus où était le nord, ton nord, tu ne savais que te lamenter et rejeter la faute sur autrui. La route était mal balisée, les indications mensongères.

Je vais reprendre. Oui, il faut accepter de reprendre, remettre cent fois sur le métier, une page après l'autre, un jour à la fois, comme c'est la coutume chez les AA. Et je ne peux même pas blâmer l'alcool ou la drogue pour mes échecs et manquements. Pourquoi faudrait-il trouver un bouc émissaire?

Au moins, je veux épeler seule mon Confiteor, égrener mes Mea culpa. Ma faute, ma faute, ma très grande faute, je le psalmodie, mais ne sais pas où se cache la faute première. Tant de routes, de chemins, tant de chutes, plaies et bosses.

Et je ne retrouve toujours pas comment on trébuche, qui a parsemé la route de clous, qui veut et cherche depuis si longtemps à arrêter le cours de ma vie. La vie est longue, toujours plus longue, et les repentirs toujours plus nombreux, et pourtant on n'arrive jamais à s'emparer de la gomme à effacer.

C'est avec zèle et ardeur que je voudrais tenter de refaire mon devoir, ce devoir si souvent bâclé.

Mauvaise élève, qui ne réussit jamais à remettre une copie sans faute. Mauvaise élève qui s'obstine à croire qu'elle fera mieux la prochaine fois. Et puis, quand il n'y aura plus de prochaine fois... Dieu est bon mais sa patience n'est pas illimitée. Même la patience de Dieu finit par être dépassée.

D'ailleurs, Dieu ne devrait pas être évoqué ni invoqué en cette minable affaire. Ce que nous lui proposons n'a souvent ni queue ni tête, n'engage rien ni personne. On y perdrait la tête, scalp compris. Je m'avance, le plus silencieusement, le plus légèrement possible. Je cherche des pistes, avec des ruses de Sioux, je tente de dégager le chemin qui me mènerait là où je ne sais même pas vouloir entrer. Car c'est quasi à mon corps défendant que je me laisse entraîner dans cette histoire qui ne peut que me mener au désespoir de la défaite. Je vais effacer le début. Donc, je repars.

Quand je suis arrivée à Montréal, j'ai cru que là s'offrait la chance d'effectuer un nouveau départ. J'étais passionnément curieuse, et bien décidée à laisser derrière moi ce qui fut mal vécu. La voie était ouverte, rien ne m'entravait. On croit toujours à cette fausse liberté, on croit toujours ce qui nous arrange. Donc, à vingt ans, je me croyais capable de déchiffrer ce continent. Il faut dire que je l'ai pas mal sillonné, au début. En autocar, j'ai parcouru des milliers de kilomètres, attentive à un espace qui me paraissait et me paraît encore illimité. Loin de mon ghetto personnel, j'étais comme aspirée par ces déserts, ces parcs sauvages, ces étendues, à l'infini. Oui, c'est la vastitude de la terre, des lacs et forêts, encore et encore. On avait beau avaler des milliers de kilomètres, il en restait toujours autant à explorer. Comme j'étais superficielle — et comme je le suis demeurée !

Toute une terre à avaler et après les dures famines de la guerre, une telle abondance de biens. Il suffisait de quelques sous et on pouvait ramener des marchés pantagruéliques. Des fruits et légumes de toutes couleurs, de la viande, et des sucreries et douceurs à vous en lever le cœur. Je me suis laissé éblouir, éblouir par la richesse, l'abondance. Terre de cocagne. Oui, comme j'ai été superficielle, m'intéressant aux décors, aux choses matérielles et non pas aux gens. Bien sûr, je rencontrais les gens que l'on me faisait rencontrer, des gens gentils-polis, qui se changeaient vite en cicérones, faisaient l'article, comme des démarcheurs professionnels. On voulait me faire connaître et aimer ce nouveau pays qui m'était octroyé. Mais il s'agissait d'être reconnaissante et enthousiaste. Comment ne pas s'émerveiller et s'étonner de ce confort, ces machines, désormais à notre seul service ?

Parfois, je crois, je veux croire, j'interrogeais les gens. En français, bien sûr, le plus souvent, mais en anglais aussi. J'avais le plus déplorable accent, mais je baragouinais de mon mieux — et l'on faisait semblant de me comprendre. Voilà où j'ai été paresseuse, négligente. Je n'ai pas travaillé, livre en main. Je ne me suis pas jetée sur les livres d'histoire, les traités, les accords, la Constitution. Je pensais que je découvrirais l'essentiel dans les romans et poèmes du cru. Un demi-siècle plus tard, je me réveille, étonnée, et je m'aperçois que j'ai dû être aveugle et sourde. Certes, j'ai voulu rencontrer « autrui », ne pas me tenir avec les Français de France, mais avec les Canadiens de l'époque. J'ai évité les Juifs d'Outremont et cru en mes amitiés « anglaises ». Un demi-siècle plus tard, je me réveille et je me pose la question : « Comment se fait-il donc que jamais, au grand jamais, je n'aie approché un Iroquois ou un Huron ? ».

Aucun ami, aucune compagne parmi eux ? Où étaient-ils donc ? Je l'ai demandé, je m'en souviens, voilà fort longtemps. Je ne me suis pas méfiée de ces réponses alambiquées que l'on me faisait. Je devais éprouver une certaine gêne, une réserve justement, quand on abordait la question des « réserves », où il aurait été malséant de se faufiler, comme dans un zoo où l'on protégerait des espèces menacées. Les histoires que l'on m'avait contées abondaient en ce genre de détails : l'eau de feu meurtrière dont des chasseurs sans scrupules les avaient abreuvés, les décimant ainsi que les épidémies mortelles ramenées des vieux pays.

Décimés par l'alcool, les microbes, ils avaient choisi de se retrancher sur leurs terres et, comblés de privilèges, n'ayant pas d'impôts à payer, ni à subir les lois de la conscription, heureux et en paix, ils pouvaient passer des jours calmes à tresser de petits paniers tout en tirant sur leurs calumets de paix. Voilà les belles images d'Épinal que l'on a réussi si longtemps à me faire gober.

« Meunier, tu dors, ton moulin, ton moulin va trop vite, meunier, tu dors ». Et je dors, moi aussi. Je ne veux pas me retrouver, une autre fois, dans la peau des coupables. Tu dors, tu dors trop. Chacun dort quand l'injustice continue à régner.

Heureusement, plus tard, j'ai trouvé des amies qui surent me réveiller, et me forcèrent hors de mes retranchements. Elles m'obligèrent à sortir de ma léthargie, à devenir une « citoyenne responsable », consciente, de tout ce qui se tramait, là, autour de nous. Cela demanda du temps et de la patience, car mon état de marmotte me convenait, en ce pays aux si longs hivers. Mais Judith veillait et n'avait pas qu'un seul Holopherne à combattre. Je finis par la suivre, bien hésitante d'abord, mais une fois convaincue, plus rien ni personne n'aurait pu m'empêcher de militer pour ces croisades, merveilleuses croisades où même les femmes, surtout les femmes, pouvaient s'enrôler et porter haut leurs bannières et leurs oriflammes.

Oui, dans cette « force de l'âge », je me suis éveillée.

Comme on s'illusionne ! Moi, la déracinée d'hier, j'avais trouvé les justes causes où je pouvais me battre, loyalement. Et je n'avais pas de doutes sur les sentiments qui m'animaient. Je trouvais enfin mes raisons d'être, et proclamais partout mes convicions et mes croyances.

Au fin fond de la Louisiane, dans un petit village proche de Bâton-Rouge, je reçus mon premier démenti. Ce fut un garçon, noir, jeune et fougueux, qui m'obligea à voir en face ce que je représentais pour lui. Il insistait, avec toujours plus de passion retenue, pour me faire avouer ce qui m'avait conduite là, dans son pays. Qui me permettait de me mêler de cette cause, de ce combat qu'il considérait comme sien, exclusivement? Et il ne voyait pas pourquoi nous, militants de CORE, riches Blancs venus du nord, osions croire que nous allions propager la bonne parole en ces terres pauvres, comme si lui et les siens n'étaient pas capables de se faire entendre, et d'obtenir enfin cette égalité des droits. Il insistait: « C'est mon combat, non le vôtre. » Et sous son regard, j'en arrivais à le croire et à me dire que, sans doute, ce qui me poussait dans cette aventure, n'avait rien à voir avec les bonnes raisons que j'avais trouvées pour me justifier.

Il est plus commode, assurément, de se battre pour les autres que pour soi. Voilà, sans aucun doute, ce qui fait aujourd'hui la popularité de ces croisades sans croix, pour de bonnes et justes causes. L'humanitaire semble avoir rapidement acquis ses lettres de noblesse. Au fin fond de la Patagonie, dans tous les États déchirés, ravagés par la famine et les épidémies, on peut croire qu'on a enfin trouvé « le bon créneau ».

Mais comment supporter le poids de nos propres fautes et manquements?

Pendant longtemps, je me suis remise à dormir, les yeux ouverts, bouche close, oreilles scellées. Que le

monde aille à sa perte. On ne criera plus, à tout propos :
« Au loup, au loup ! ».

« Meunier, tu dors ! », rien ne va plus.

Où sont les bons « Sauvages » de nos beaux livres
de contes ? Avec leurs diadèmes de plumes, leurs colliers
de verroteries scintillantes, parcourant les plaines sur
leurs chevaux fringants et rapides ? Mais où sont-ils
donc ?

« Mais où sont les neiges d'antan ? »

Où sont tous ces albums, ces livres d'aventures, ces
films de Hollywood ?

Qui a tué le dernier des Mohicans ?

Qui m'a permis d'oublier les Calamity Jane, les
aventures de Buffalo Bill, les prouesses des aventuriers
de l'Ouest ?

— « Go West, young man. »

Que dit-on aux filles qui, elles aussi, voudraient
se tailler une vie dans ce Nouveau Monde ? Le sort des
squaws, sans doute, est tout ce qui peut les attendre.

Dans ces films de la conquête de l'Arizona ou de
la Californie, dans ces épopées de la Sierra Madre, on
ne mange ni ne dort. Qui sera le plus rapide à tirer son
arme du fourreau ? Il est sauvé. Voilà ce qui compte,
dans ce monde d'hommes prêts à tout pour une poignée
d'or ou de dollars.

Oui, alors, on voulait juste de la vitesse, des
prouesses et peu importe le reste. Quel reste ? Qui reste ?
Alors, pas de croisades vertes ou écolos. Pas de croisades
du tout pour l'homme de couleur.

Et toi, la fille, tu dors, sans demander ton reste.

Tu dors à poings fermés sans que rien ni personne ne te rappelle à l'ordre.

C'est faux et tu le sais. Tu as eu beau dormir de l'épais sommeil où l'on choisit de dormir, sans rêve, sans image aucune, dormir avec ténacité, il me semble que, de temps à autre, tu as dû entendre ou voir quelque chose. Dans ces journaux, ces magazines que tu lis, voracement, il a bien dû y avoir des reportages. Ces enfants, là-bas, dans le Grand Nord, ces enfants qui « sniffent » de la colle, ces adolescents qui se suicident en plus grand nombre que partout ailleurs dans le monde. C'était sans doute à des milliers de kilomètres, là où personne ne va, sauf quelques missionnaires, quelques fous en quête d'exploits, à la conquête d'autres icebergs.

Trop loin, trop froid, pour y aller voir.

Et toujours on ne parlait d'eux qu'en termes voilés. Incapables de se soumettre à la loi commune, refusant ces maisons préfabriquées, des maisons données, offertes et dont ils ne voulaient pas. Et on leur ouvrait des hôpitaux, rien que pour eux, car ces chasseurs autrefois intrépides, étaient devenus des malades chroniques, trop gros et gras pour se remuer, alcooliques impénitents, diabétiques le plus souvent, obèses. Ni lire ni écrire. Et pourtant, il faut bien que tu t'en souviennes, tu as déjà fait, dans les années cinquante je crois, un reportage sur l'art esquimau. Dans ce temps-là, on les appelait ainsi. Dans nos livres de géographie. Et il y avait de belles images d'igloos. Des Indiens aussi, on nous montrait les wigwams et les tipis.

Les Égyptiens, eux, avaient droit, pour l'éternité, aux pyramides. On les visitait avec respect. Et longtemps, on ignora les monumentales sculptures, sur la côte du Pacifique, tous ces totems, ces souvenirs dont nul ne voulait se souvenir.

« Je me souviens ». À mon arrivée, pour tout m'expliquer, mes amis, mes camarades évoquèrent plus souvent que je l'aurais sans doute désiré le complexe dont ils avaient hérité à la suite de la défaite des Français sur les plaines d'Abraham. Avec gourmandise, je dirais, ils faisaient remonter leurs échecs personnels, leurs complexes particuliers à cette seule bataille perdue. À leur abandon par la mère patrie. Je les laissais dire. Moi, je me souvenais de « Waterloo, Waterloo, morne plaine » de Hugo que j'avais appris à quinze ans, par cœur, par choix. Alors, je compatissais au drame de cette défaite, mais je n'aurais jamais imaginé que mes contemporains puissent s'en sentir encore affectés, marqués, entravés dans leur vie personnelle.

Je l'ai déjà dit mille fois plutôt qu'une, je n'ai jamais rien compris à rien.

Pourtant, j'ai toujours été une « liseuse ». Cela aurait dû et pu m'aider si j'avais su vraiment lire… Cela ne fut sans doute pas le cas. À l'Université on nous faisait étudier, entre autres, *De l'esprit des lois*.

« Comment être Persan ? » Oui, comment ?

Comment devenir Indien en cette terre de leurs ancêtres ?

J'aurais dû faire attention aux multiples changements de nom. Quand j'arrivai, je devins amie avec des Canadiens français, ainsi qu'on les nommait alors. Depuis, sans transition, je n'ai plus que des amis québécois.

Cela se fit en douceur, comme tous les changements de mentalité. Regardons nos Indiens d'autrefois. Baptisés Sauvages pendant longtemps, devenus Indiens, puis Amérindiens, puis autochtones, puis membres des Premières Nations. Et toujours aussi critiqués dès qu'ils veulent se faire entendre et revendiquer ces droits que tant de traités, au cours des siècles, firent semblant de leur reconnaître.

Ils ont sans doute cru à ces papiers, ces traités, ces calumets de paix.

De temps à autre, même moi, dans mon ignorance crasse, j'étais frappée de stupeur. Pour des vétilles, à ce qu'il me semblait, le monde blanc retrouvait l'usage de la force. Pour des histoires de poisson, de saumon si je me souviens bien, à Restigouche.

Oui, là, dans de riches clubs privés, le vieux droit des chasseurs, des pêcheurs, était d'après eux bafoué. Aucun scrupule, alors, pour faire intervenir toutes les polices et forces de l'ordre. De si beaux saumons ne pouvaient être pêchés à notre barbe, à notre nez. Pensez donc ! L'été dernier, ce fut les casiers à homards. Non, vraiment, on ne pouvait ainsi défier la loi et l'ordre. Le loup et l'agneau…

Je passe sous silence ce qu'on nomma pieusement « les événements d'Oka ». On commémora le dixième anniversaire de cette autre « histoire » en juillet 2001.

Dix ans déjà. Et je ne comprenais toujours rien. Pourtant, pourtant, il me semble que là, ma torpeur, mon désir de ne pas m'engager, ne me laissaient pas aussi tranquille que je l'aurais voulu.

Je ne joue pas au golf mais, malgré tout, je trouvais étonnant qu'on fasse si peu de cas des croyances d'autrui. Comment osait-on s'enfoncer dans cette pinède, dans cette forêt sacrée qu'elle représentait pour «nos» Indiens? Puisqu'ils affirmaient que l'on violait ainsi leur terre des morts, qu'on bafouait leurs croyances les plus profondes, comment oser passer outre? Pour un terrain de golf? Oui, je fus révoltée mais je ne fis rien.

Pourtant, j'avais témoigné lors du scandale du cimetière de Carpentras.

Quel tollé alors, dans la presse française. Oui, maintenant on n'osait plus jamais se taire quand des actes sacrilèges étaient rendus publics.

Qui? Qui a osé faire cela? Alors on mobilise la presse, la gendarmerie. Chacun se précipite pour clamer son indignation.

Cela n'engage à rien et permet d'avoir bonne conscience.

J'ai désespérément voulu et veux encore avoir bonne conscience. Cela n'est jamais facile et devient quasi impossible aujourd'hui. Comment peut-on? Non, la conscience n'est jamais «bonne» et il faut des prodiges d'astuce pour simplement ne pas la perdre, en chemin, cette conscience qui n'en finit pas d'avaler couleuvre sur couleuvre. Comment survivre si on la laisse faire, prendre la place? À chaque bouchée, on n'ose même pas avaler.

Il semble toujours qu'on arrache à autrui ce pain, ce vin, cette place près du feu.

Rien de plus réactionnaire que ce discours. À force de remords, on ne fait rien.

« Pour vivre heureux, vivons cachés. » Et il ne s'agit même pas de « bonheur » — mot obscène, mais simplement d'une sorte de quiétude, de possibilité de respirer sans avoir à se poser mille questions. Donc, de plus en plus souvent, l'âge venant, je me posais de moins en moins de questions.

Et je sais que si je m'engage sur cette pente, si je reprends le questionnement — mot hyper à la mode aujourd'hui — je ne connaîtrai plus la sorte d'apaisement qui vient avec le poids des années. Car ces années qui nous entravent et nous alourdissent apportent aussi un allègement de certaines inquiétudes et douleurs. L'âge nous permet au moins de croire qu'il faut laisser aux jeunes, aux plus jeunes, la liberté de régler ces questions à leur façon. Certes, le monde que nous leur avons légué a bien besoin d'être refait et repensé, mais nous aimons à croire qu'eux seront plus à même d'inventer d'autres solutions, plus justes. Car les voilà bien plus éduqués que nous, libérés de tant de nos préjugés.

Ce n'est pas là pure hypocrisie, désir de ne pas se salir les mains — depuis Sartre nous n'oublions jamais que nous avons tous « les mains sales ».

Nous le savons, nous l'admettons et passons la main à ceux qui nous suivent, comme Ponce Pilate le fit.

Mais, cette année, tout conspire pour empêcher que cette ignorance heureuse ne se perpétue. C'est par un article paru dans la *Presse* du 5 septembre 2001 que j'ai appris : « Bernard Assiniwi s'éteint à 65 ans. La communauté autochtone perd un ardent porte-parole. » Je ne connaissais pas Bernard Assiniwi, ni son œuvre. L'article m'apprend qu'il a gagné le prix France-Québec pour *La Saga des Béothuks* en 1996, roman que je n'ai pas encore lu, même si je compte le faire, au plus tôt. Mais ce qui a vraiment attiré mon attention, c'est ceci : « Dès la publication de son premier ouvrage en 1973, *Histoire des Indiens du Haut et du Bas Canada*, Bernard Assiniwi aborde le passé avec la lunette autochtone, ce qu'il fut l'un des premiers à accomplir. » Cet ouvrage a soulevé les critiques, car il prenait position à l'encontre des thèses avancées par les historiens blancs. Mais il rappelait notamment que les explorateurs européens n'auraient pu parcourir le territoire sans la présence des autochtones...

Il laisse un manuscrit sur l'histoire du Canada en chantier, indique Jacques Lacoursière. Il voulait modifier la perception qu'on avait des autochtones dans l'histoire du Canada et du Québec. En ce sens, il était révisionniste. Il rappelle des choses extrêmement importantes sur la participation des autochtones lors de la bataille des plaines d'Abraham ou la révolte de Pontiac. Déjà, il y avait de quoi me laisser plus que rêveuse. Sans doute certains révisionnismes peuvent-ils contribuer à nous éclairer davantage, permettre de nous rendre plus poreux et plus tolérants.

Cet autre passage de l'article sur Bernard Assiniwi m'a également frappée : « Il était né Bernard Lapierre car son père avait cherché à cacher sa véritable identité, pressentant que ses racines pourraient nuire à son fils. Adulte, Bernard Lapierre a repris le nom de ses ancêtres et a multiplié ses connaissances des langues et des cultures ancestrales amérindiennes. »

Et voilà un roman familial qui ressemble étrangement au mien. La cruauté de cette affaire est que Bernard Assiniwi est né en 1935 d'une mère québécoise francophone et d'un père cri. Or, chez les juifs comme chez les Indiens, ce sont les mères qui décident seules de l'appartenance. Donc, de par la loi, il se trouve Québécois et les divers changements de nom ne peuvent que rester inopérants.

Et me voilà bien avancée, sans boussole aucune sur ce chemin de la recherche des racines, des croyances et des appartenances.

Mais je ne veux — ni ne peux — avancer plus avant. Tout me retient, m'entrave, m'empêche d'avancer. Pourquoi aller seule sur une terre, en des territoires que rien ne m'autorise à explorer. Tu n'as que faire là, toi qui ne sais rien et surtout, profondément, ne veux rien savoir. Car, chaque fois, autrefois, quand il aurait été temps de s'engager, tu as vite fait un grand saut en arrière. Là, tu trouvais de la force, de l'énergie, pour te désengager. Tu ne voulais rien savoir de ces histoires barbares, sauvages, tu en savais bien assez et tu n'allais pas risquer ta peau. Tu as déjà fait des poèmes sur Samson et Dalila, tu n'iras pas te fourvoyer en forêt ennemie.

Tu y tenais, à ton précieux scalp, à ta peau, il faut croire. Pourtant, tu as déjà lu, autrefois, les *Relations des Jésuites* prêts à tout, eux, pour récolter quelques âmes. Sans doute, ce ne sont pas les âmes qui t'intéressent. Avoue simplement que tu es paresseuse, frileuse, tu as peur de ce qui pourrait t'arracher à ta vie bourgeoise et tranquille. Donc, tu es partie vers le Sud. Au moins, il y fait chaud. Mais affronter les rigueurs de l'hiver polaire, manger de la viande crue — quand il y en aurait — non vraiment très peu pour toi.

Et maintenant que tu abordes le seul hiver qui compte, le vrai, le long et rigoureux hiver de l'âge, tu te dorlotes à coups de pilules. Il faudrait savoir, très tôt, très vite ce qui est à notre portée. « Ne forçons point notre talent, nous ne ferions rien avec grâce », prévenait La Fontaine.

Mais quel talent avais-je, alors ? Certainement pas celui de m'accommoder à la vie quotidienne. Il devait me manquer une certaine dose d'humour, un bon sens à toute épreuve.

Comment les acquérir, ces vertus ? Comment faire ? À qui m'adresser ? J'aurais dû voir d'autres gourous qui m'auraient enseigné ce que j'ignorais. Mais je devais être comme l'enfant qui pleurait pour ne pas aller à l'école car, là, on lui apprenait des choses qu'il ne savait pas.

Ainsi, pendant longtemps, très longtemps, trop longtemps je n'ai rien voulu savoir. Après, il était trop tard. Évidemment, c'est une bonne excuse — qui n'excuse rien.

Mais les excuses sont toujours mauvaises. Il faudrait au moins le reconnaître. Jamais nous ne pourrons nous justifier. Et, désespérément, pourtant, je cherche, encore et toujours, à me disculper. Tant de mea culpa, déjà, tant de « Priez pour nous pauvres pécheurs ». Mais prières et patenôtres doivent, finalement, s'équivaloir. J'ai eu beau veiller, essayer de repousser la mort qui venait, tenter de ne pas relâcher ma vigilance, rien n'y a fait. J'ai fini par perdre ceux et celles que j'aimais. Je les ai perdus et ne les ai pas remplacés. Personne ne peut remplacer personne. Il faut juste accepter de faire le deuil, le long deuil. Comme les jeunes d'autrefois faisaient leur service militaire, trois ans, quatre souvent quand il y avait la guerre. Le temps du deuil. Et chacun se tient le plus loin possible de l'endeuillé — comme s'il était porteur d'un microbe de mort — comme si la douleur de la perte était contagieuse. Peu importe que l'on arbore un brassard, du noir ou du violet, après les effusions de la première heure et des funérailles, le cercle se rompt aussitôt. Oui, il faut vite laisser à son deuil celui ou celle qui n'a pas su barrer la route à l'agile faucheuse.

Moi aussi, je renonce — avant même d'avoir commencé. Je vais retourner aux histoires que je connais. J'ai repris Chateaubriand. *Atala*, vous vous en souvenez ? Moi je ne m'en souvenais guère. Dès la préface de 1805, je tombe sur ceci : « Si un homme revenait à la lumière quelques années après sa mort, je doute qu'il fût revu avec joie par ceux-là mêmes qui ont donné le plus de larmes à sa mémoire : tant on forme vite d'autres liaisons, tant on prend facilement d'autres habitudes, tant l'inconstance est naturelle à l'homme, tant notre vie est peu de chose, même dans le cœur de nos amis. » Et, un peu plus loin : « Croyez-moi mon fils, les douleurs ne sont point éternelles ; il faut tôt ou tard qu'elles finissent, parce que le cœur de l'homme est fini. C'est une de nos grandes misères : nous ne sommes même pas capables d'être longtemps malheureux. »

Devrions-nous le croire ? Je ne m'y aventurerai pas.

Donc, je reste sur place. Je m'offre par contre le plaisir de vous citer quelques lignes du Prologue, qui nous permettront de voir comment Chateaubriand nous fait entrer dans son domaine : « La France possédait autrefois, dans l'Amérique septentrionale, un vaste empire qui s'étendait depuis le Labrador jusqu'aux Florides, et depuis les rivages de l'Atlantique jusqu'aux lacs les plus reculés du haut Canada. »

Mais je jure bien de ne pas me laisser charmer par l'Enchanteur. Ce ne sont pas les Natchez que je recherche. Donc, je m'oblige à rester dans le présent, le dur présent que je trouve bien solitaire et inhospitalier. Je sais, c'est de ma faute. Il faut toujours aller de l'avant, cacher quand on est vulnérable, se cacher, surtout, ne sortir que quand on se sent fardée, colmatée de toute part, donner l'impression qu'on est fringante, qu'on n'a pas une minute à perdre, que toutes nos soirées sont prises. L'amitié, la vraie, la seule, c'était quand on pouvait avouer, sans fausse honte, qu'il nous fallait le réconfort d'une présence. Là, il n'y avait rien à avouer, justement, il n'y avait même rien à dire, à expliquer.

Cela allait de soi, car l'autre aussi connaissait ces états, ces moments de vertige, de doute.

Donc, la compagnie d'autrui est redoutable, ces jours. On n'est d'ailleurs pas obligée de sortir quand le cœur n'y est pas et que la neige tombe. On peut toujours rester chez soi, immobile, sage, attendant que le jour passe — et il tombe tôt en novembre. Et quand le soleil s'est définitivement couché, on peut faire comme lui, en toute bonne conscience.

Quand plus personne ne nous regarde, on peut toujours regarder la télé, jusqu'à plus soif. Il me semble parfois que je connais mieux les animateurs des émissions que les gens que je fréquente encore. Donc, pour passer le temps (j'en suis rendue là...), j'ai été faire un tour du côté de chez Pivot. J'ai déjà remarqué que les émissions sur l'histoire sont celles que j'écoute le plus volontiers. Celle-ci portait sur la guerre. La guerre de 14-18, d'abord, et il y avait encore et toujours des détails nouveaux à nous glacer le sang dans les veines. La Grande Guerre, la dernière soi-disant. Et puis on eut droit à toutes les autres. Témoignages hallucinants sur le Rwanda, le Cambodge. Pivot dut même avouer qu'il versa des larmes en les lisant. Cela me l'a, soudain, rendu plus sympathique.

Moi aussi, sur le conseil d'une amie, je viens de lire une œuvre que je ne connaissais pas de Timothy Findley, *The Wars*, et tout simplement *Guerres*, dans la traduction française. Timothy Findley est né en 1930, à Toronto. Donc, c'est une guerre qu'il n'a pas vécue mais qu'il nous donne à voir dans sa véracité la plus horrible.

Entre autres, l'épisode dans les tranchées, avec l'envahissement des gaz, est à couper le souffle. «Les pères ont mangé des raisins verts et les fils en ont les dents agacées.» Mais, malgré tout, les guerres continuent, de plus belle.

Timothy Findley choisit d'évoquer la guerre de 14-18 et son héros, Robert R. Ross, est né en 1896 et mort en 1922, soit à 26 ans. Et ce roman est un grand roman de guerre, c'est-à-dire une œuvre qui devrait réussir à nous émouvoir et à persuader tout un chacun de l'horreur, de toutes les horreurs de la guerre, car elles sont terrifiantes ces «histoires» de la folie meurtrière guerrière. Cette guerre qu'il n'a donc pas faite, Timothy Findley nous la donne à vivre comme si nous y étions, dans la grande boucherie des tranchées. Et son héros est un vrai héros, qui se bat pour ce qu'il croit juste mais qui finit par se rebeller contre la destruction qu'il lui faut infliger. Il sera donc pourchassé par les siens et ne survivra que quelques années à toutes les blessures qu'il dut subir. Pourtant, on me dit que son livre ne se vendit guère, dans sa traduction française. Comme quoi, encore et toujours, il y a un refus de voir, d'entendre, d'apprendre ce qui risquerait de nous déranger. Le «lectorat», comme on dit aujourd'hui, ne veut pas être dérangé dans son bonhomme de chemin. Bien sûr, il achète toujours des policiers de toutes les séries noires, des meurtres judicieusement planifiés, avec toutes sortes de détails réalistes et écœurants, mais quand les victimes sont innombrables, des millions de militaires et de civils, là, il n'y a plus preneur. Cette «première guerre», cette

Grande Guerre, on l'enfouit, pour être plus d'attaque pour affronter la prochaine.

Et pourtant, dans ce roman publié en 1977, alors que je ne pensais vraiment pas y trouver une trace de mes Indiens, voilà qu'au détour d'une page, je tombe sur eux : « En passant à Regina, Robert vit une bande d'Indiens — douze ou quatorze — arrêtés le long de la voie. Ils portaient tous une couverture pour se protéger du froid. Le jour se levait à peine. Tous les soldats se collent aux fenêtres du train pour regarder. L'un des Indiens était à cheval. Le cheval baissait la tête. Bien que le vent soufflât, bien que la neige fût soulevée du sol et tourbillonnât autour d'eux, les Indiens ne faisaient pas mine de bouger. Ils restaient là, immobiles — fantômes dressés au-delà des vitres givrées. Leurs yeux étaient d'un noir de jais. Robert voulait que tout le monde les saluât. Pourquoi ne pas saluer ces Indiens groupés le long de la voie ? Mais personne ne bougea. Chacun demeurait à sa place, à regarder, jusqu'à ce que le train reparte, arrachant l'un à l'autre, comme on déchire une feuille de papier, les deux groupes de spectateurs. » (p. 60-61)

En ce seul paragraphe, étonnant paragraphe, on a, comme en un condensé, tout un état de la question. D'un côté, les Indiens, devant le train qui passe et les laisse loin en arrière, et de l'autre les soldats, incapables de manifester aucun signe de reconnaissance ou d'intérêt. Pourtant, eux aussi « collés aux fenêtres », comme pour mieux voir ce spectacle. Comment le qualifier ce spectacle ? Comment se faire une idée de ce qui les force, les uns et les autres, à se regarder ainsi, les soldats, envoyés à la plus fatale des boucheries, les Indiens, glacés, réduits déjà à l'état de spectres, « fantômes dressés » ? Mais, au moins, on peut se dire que l'auteur, lui, les a vus, bien vus, et nous donne à les voir comme s'il nous demandait de les observer avec lui et de tirer nos propres conclusions. Peu d'auteurs, il me semble, avaient osé nous demander ainsi notre collaboration.

Depuis quelques semaines, j'essaie d'étudier, quelque peu, des bouquins d'histoire ou de sociologie pour apprendre ce que je ne sais pas sur ce lointain passé canadien. Je me perds souvent dans les dédales de ces histoires où il faut sans cesse traquer les idéologies, les partis pris, et même les plus flagrants mensonges. À l'automne 2000, par exemple, Radio-Canada a diffusé plusieurs épisodes de la série *Le Canada : une histoire populaire*. Là aussi, pour la première fois, on sentait une volonté de remonter aux origines, de retracer ce que fut le pays premier, aux temps des premiers habitants. Ô surprise, on en retrouvait un peu partout — et même dans l'épisode des plaines d'Abraham. Oui, ils étaient là, tantôt alliés, tantôt farouches adversaires. On les voyait, les entendait. Et après chaque émission, le public pouvait appeler pour faire part de ses impressions. Malheureusement, ce qui intéressait les gens, ce n'était pas eux mais bien les rivalités franco-anglaises ; chacun se plaignait des préjugés des deux peuples fondateurs. Les réalisateurs, les producteurs, étaient tour à tour accusés de négligences, de malveillances. On scrutait à la loupe chaque infime détail. Et pourtant, si je ne me trompe, au détour d'un épisode, on raconte l'horrible stratagème conçu par les Anglais pour éliminer des tribus d'Iroquois. On put voir, longuement, les présents offerts aux tribus dont ils voulaient se débarrasser. Ainsi, ils imaginèrent de découper en menus morceaux des couvertures provenant d'un hôpital de pestiférés.

Ces cadeaux, somptueusement enveloppés dans des emballages rutilants, furent distribués avec l'indication de ne les ouvrir que plus tard, quand ils seraient rentrés chez eux. Et sans méfiance, ils rapportèrent chez eux ces autres chevaux de Troie. Les épidémies furent terribles et décimèrent des tribus entières. Donc, ces fameuses épidémies dont on parle toujours pour expliquer la disparition quasi totale des Indiens ne furent pas seulement « naturelles », mais causées par la malveillance de leurs ennemis blancs, des hommes du Siècle des Lumières, et qui piégèrent ainsi ceux-là dont ils se proclamaient les alliés.

On parle toujours des « ruses de Sioux » et jusqu'à ce jour, je n'avais jamais entendu dire qu'il y ait eu alors une première guerre bactériologique. Et ce fait ne fut relevé par personne. Je suppose que ce fut considéré comme étant « de bonne guerre ». Tout est sans doute de bonne guerre, quand on la fait et que l'on veut gagner et s'emparer des richesses de continents entiers peuplés de gens de couleur, noire ou rouge, peu importe, Afrique, Asie, Amérique.

Et comme cette série est réalisée avec l'aide d'histo-riens et de journalistes, on veut croire que les faits ont été

soigneusement authentifiés et que l'on n'oserait pas
falsifier ainsi le sens de l'histoire. Mais ce qui me paraît
tout à fait incroyable c'est que personne n'a accordé la
moindre attention à ce « détail ». Personne n'a semblé
enclin à marmonner la moindre repentance. On a chi-
poté sur des détails, des virgules, mais aucun scandale
n'a été soulevé par cette « affaire-là ». Comme s'il n'y
avait pas de scandale justement, pas de punissable géno-
cide ou crime de guerre. Ainsi, on a pu épargner le sang
blanc, le sang bleu. Ainsi, on a pu se partager l'énorme
butin. Bien sûr, en se faisant croire que tout était pour le
mieux, le commerce des fourrures toujours plus floris-
sant, et la cueillette des âmes sauvages par les Jésuites se
faisant toujours plus abondante.

Comme on les a floués, Seigneur, au cours des
siècles, traité après traité. Comme on les a réduits à
l'impuissance.

Je m'étonne. Je suis bien naïve, en vérité, de m'en
surprendre. Comme si, en fouillant toutes les histoires
de la terre, on ne retrouverait pas, éternellement, la
même chose, la même cruauté, le même désir d'anéantir
et de réduire en poussière ce qui fait obstacle à notre
désir, à notre volonté de pouvoir et de puissance. Pas
besoin de fouiller dans les vieux grimoires du passé, tout
est là, aujourd'hui, sous nos yeux. On a l'embarras du
choix. Même pas besoin d'être branché sur la Toile, tout
nous est servi jusqu'au pas de notre porte. Le monde
s'engouffre, à toute heure, jusque dans les plus lointaines
chaumières. Et voilà que me revient le souvenir des
débuts de la télévision à Radio-Canada. C'était en 1952

et il n'y avait alors que quelques heures d'émission par jour. Le reste du temps, l'écran n'était occupé que par la mire. Et sur cette mire s'épanouissait somptueusement l'Indien, un superbe Indien en noir et blanc, auréolé de plumes (tel un autre « Roi-Soleil »). Pendant des heures et des heures, lui seul occupait l'antenne. Muet, bien sûr, mais bien visible. Je l'ai donc vu, sans le voir, pendant bien longtemps. Je crois que je pourrais le dessiner de mémoire. Et je m'étonne, aujourd'hui. Qui a choisi cet emblème ? Moi, bien sûr, toujours aveuglée, je n'y ai vu que du feu. Je n'ai pas compris que celui qui est trop visible, qui crève l'écran, à force de le voir, on ne le voit plus, il devient absolument invisible. Un artefact, tout au plus, pas un humain, un homme, un semblable, un frère, non rien de tout cela. Quelques plumes, voilà tout. Quelques bariolages. Même pas de quoi fasciner les enfants.

Voilà, sans doute, comment l'Indien est devenu invisible. Voilà pourquoi, dans la « vraie vie », on n'en voyait jamais, ni au restaurant, ni dans l'autobus, ni au marché ou à l'école.

Sans doute, de temps à autre, aux nouvelles locales, on avait parfois droit à des histoires de cigarettes de contrebande, de fermeture de « bingos illégaux ».

Cela faisait sans doute l'affaire des fumeurs et des joueurs.

Comme je m'en veux aujourd'hui de ne rien avoir su, vu, compris.

À ma décharge, je peux dire que je n'étais pas la seule.

Mauvaise excuse, sans doute. Et ce ne sont pas toujours les jeunes qui ont les meilleurs yeux. Comme ma jeunesse fut aveugle et sourde.

Mais, quoi que je puisse prétendre aujourd'hui, elle a aussi été rieuse et gaie, pas la gaieté des années folles, des années vingt, pas celle des parents qui dansaient le charleston et découvraient Charles Trenet : « Y a de la joie », et le scandaient avec énergie ; non, c'était une autre sorte d'euphorie. D'ailleurs, hier même on annonçait sa mort à quatre-vingt-sept ans. Et un peu partout, en « douce France », on arrêtait des gens, jeunes et vieux, qui tous étaient capables de fredonner quelques refrains. Tout y passait, « les jeunes années » comme le « rendez-vous du soleil et de la lune ». Oui, il les avait bien marqués, génération après génération. La mienne avait bien cru en être indemne et moi qui chante faux comme ce n'est pas permis, je sais des chansons entières avec toutes les paroles et les refrains. Et du même coup, je revois et réentends ma mère, qui me les avait fait découvrir.

Oui, il y a eu un temps pour les folies de jeunesse, si sage, si vertueuse, cette nouvelle jeunesse, cette Nouvelle Vague qui semblait tant apporter et tout balayer du même souffle. Euphorie des années cinquante, j'y ai goûté, moi aussi. Je lisais Sartre et les *Chemins de la liberté*, je me croyais libre, je me voulais libre et engagée tout à la fois. La seule idée d'être « inauthentique » m'aurait révulsée d'horreur. Oui, il fallait être « authentique » et vrai, ne pas se bercer d'illusions et traquer au plus profond de notre âme ce qui nous aurait empêché d'y voir clair en nos plus sombres secrets. Ce qui ne nous empêchait évidemment pas d'être narcissiques et veules comme les héros de *Huis clos*. On lisait même la pièce entre nous, avec une très grande délectation et l'impression d'avoir enfin franchi un pas sur le chemin de la connaissance. Et je retrouve soudain les reproches mêmes que l'on faisait alors à « nos » Indiens : ils n'étaient pas de vrais Indiens ; ils se déguisaient avec quelques oripeaux, quelques verroteries ; seuls de naïfs touristes se dérangeaient encore pour aller les voir à Caughnawaga, leur acheter quelques brimborions, peut-être confectionnés à Taïwan ou à Hong Kong. Et tout cela était dit avec une telle assurance — un tel mépris aussi — que je me suis laissé piéger. Ou plutôt, pour ne pas me faire piéger, pour ne pas paraître une bécassine, par crainte de me « faire avoir », j'ai choisi de les croire. Il faudrait, sans doute, essayer de voir combien de fois, combien de temps, on se contente de suivre les conseils donnés, des conseils de bon sens — soi-disant pour nous empêcher de nous égarer.

Donc, encore une fois, je n'ai pas bougé. Il faut dire que la cause des autochtones n'était vraiment pas d'actualité, alors.

On n'en parlait pas et, eux, on ne les entendait jamais parler. Pourtant, aujourd'hui, il me semble qu'il n'y a pas de semaine où un conflit quelconque ne remet pas leurs causes et leur existence même en question. Quand j'étais allée en Louisiane, pour les droits civiques des Noirs, je me souviens qu'ils scrutaient, avec une attention très grande, les émissions de télé qui se déroulaient en public. Et ils ne manquaient jamais de repérer les quelques très rares Noirs qui se trouvaient dans la foule. Ils les repéraient, les comptaient comme autant de victoires obtenues sur le racisme blanc. Cela m'étonnait tout à fait, car il s'agissait, le plus souvent, d'émissions commerciales débiles, où ils n'avaient aucun droit de parole et ne participaient à rien d'intéressant. Mais juste d'être là, parmi l'énorme majorité blanche, leur semblait comme une victoire et une lente appropriation d'un domaine où il leur fallait, petit à petit, un par un, s'infiltrer et peu à peu occuper leur place.

Tout sans doute est une question de place ; chacun veut la sienne, souvent, surtout, la première, et il est toujours question de territoire à s'approprier, de droits ancestraux, de premiers occupants. Mais il faut croire que la terre a toujours, déjà, été habitée, bien avant le Déluge, les Pyramides et les dinosaures. Et dans le journal d'aujourd'hui, dans le *Libération* du 27 février 2001, deux pleines pages sont consacrées à un homme de 9 000 ans dont le squelette a été découvert au bord du fleuve Columbia, dans l'État de Washington. « Car le squelette de l'homme de Kennewick, du nom de l'endroit où il a été découvert, est âgé de 9 000 ans, du très très vieux pour le Nouveau Monde. En plus, il présente des traits dits "caucasoïdes", c'est-à-dire européens : il ne serait pas un ancêtre direct des Indiens. Les scientifiques veulent étudier ces vieux os et comprendre l'histoire du pays. Mais les tribus indiennes, les *Native Americans* estiment, d'après leur tradition orale, qu'ils ont toujours habité cette terre et que l'homme de Kennewick est donc un ancêtre qu'il faut laisser en paix et enterrer dignement. Science contre religion ? Besoin d'affirmation d'une minorité contre une majorité ? Un débat qui paraît surréaliste en France où l'on n'imagine pas les paysans du Roussillon réclamer l'homme de Tautavel. » Certes, mais il faut avouer que les circonstances ne sont pas vraiment similaires alors que cinq tribus réclament les restes de l'homme de Kennewick : les Umatillas, les Yakimas, les Colvilles, les Nez-percés et les Wanapums.

Neuf mille ans, passe encore... mais voilà qu'en première page du *Nouvel Observateur* de cette semaine, on est à la recherche du « Premier Homme, le tout premier : Et si Sapiens sapiens était beaucoup plus vieux qu'on ne le pensait ? S'il n'était pas un homme nouveau, surgi il y a 100 000 ans, mais l'héritier direct d'un ancêtre âgé de 2 millions d'années, voire davantage ? Faut-il, à la lumière des dernières trouvailles, redessiner notre arbre généalogique ? » Pourquoi non ? Ainsi, on accepterait enfin de n'être qu'une fourmi, allant son bonhomme de chemin à la mesure de sa ténacité et de son travail, une toute petite fourmi, mais libre de choisir d'aller où bon lui semble. Une ruche, une termitière ferait aussi bien l'affaire. J'ai toujours été fascinée par ces histoires, qui m'ont toujours paru rassurantes, d'une certaine manière.

Enfants, on nous amenait au Bois et quelquefois au Jardin des Plantes. Passage obligé devant les singes. Ils me faisaient horreur et je ne leur offrais pas la moindre banane ou cacahuète. Pourtant, c'était devant ces cages-là qu'il y avait le plus de spectateurs. J'essayais de ne rien montrer car je ne voulais pas avoir à expliquer ce qu'il en était pour moi. J'étais à la fois scandalisée et révoltée. Par quoi ? Leur ressemblance, bien évidemment, leur proximité, les minuscules différences qui en faisaient des « animaux », dénués d'âme et de parole. Mais, en y mettant un peu d'attention, j'étais certaine qu'on aurait pu comprendre ce qu'ils voulaient nous faire entendre, et j'étais à la fois révulsée par leur laideur — car je les trouvais grotesquement laids et pas du tout drôles comme les autres spectateurs qui se roulaient de rire devant leurs mimiques et leurs gestes les plus obscènes — et remplie d'une étrange crainte devant ce qui m'apparaissait comme un tragique « ratage », comme on en trouvait aussi chez certains infirmes particulièrement disgraciés et que j'osais à peine regarder tant j'avais peur qu'ils ne s'offensent de cette insoutenable pitié qui m'enlevait tous mes moyens.

Comment croire en un Dieu qui se contentait, si souvent, d'exemplaires défectueux ? Ne nous fit-il pas à son image et à sa ressemblance ?

Cela me paraissait d'une monstrueuse légèreté et d'une cruelle injustice. Les autres animaux avaient des qualités de vitesse, de beauté qui les rendaient fascinants et on n'avait pas à les plaindre, les gazelles, les oiseaux, même les serpents.

Mais tout n'est-il pas injuste ? Dieu, lui-même, ne veut pour ses holocaustes que des animaux « parfaits ». Tout doit être parfait, et ce qui dérange ou offense la vue, ce qui est malade ou vulnérable, tout cela doit être rejeté. Il n'est que de relire le Lévitique, je ne le ferai pas.

Je repense à la rage de Simone Weil en lisant l'Ancien Testament.

Je retourne donc aux livres, ceux qui se font jour, année après année.

Et c'est avec étonnement que je trouve le passage suivant dans le premier roman de Jean-Marc Dalpé, intitulé *Un vent se lève qui éparpille* : « ... sans doute parce que les seuls Blancs à leur avoir adressé la parole depuis des années ont été des policiers, ce qui voulait dire qu'ils avaient fait ou étaient en train de faire quelque chose qu'on ne voulait pas qu'ils fassent (pas nécessairement quelque chose d'inconvenant ou de mal, encore moins d'interdit ou de punissable, mais seulement quelque chose qu'on avait décidé tout d'un coup ne se faisait pas, pas à cet endroit-là, ou en tout cas pas à ce moment-là, et surtout pas si c'étaient eux qui le faisaient) — et quand ils se lèvent debout. Bien oui c'est certain parce que je te gage, quelqu'un, un de leurs frères aînés ou un de leurs oncles, ou même leur père, leur a dit un jour : "Debout c'est mieux. Ils aiment ça quand tu te mets debout, puis tu veux pas qu'ils se fâchent pour rien ou pour une niaiserie !" et sans doute a-t-on ajouté aussi : "Puis réponds poli ! parce que oublie jamais que même si t'as rien fait de mal (ou rien de punissable) c'est pas toi qui vas avoir le dernier mot", c'est donc pour suivre un bon conseil qu'ils le font, se mettent debout en gardant les yeux baissés, méfiants mais soumis. »

Voilà qui en dit plus que de longs discours et qui tendrait à prouver que l'imaginaire des nouveaux romanciers est sans doute alerté, et qu'ils sont conscients de ce que peuvent penser, subir, ces Indiens. On veut le croire, on ose l'espérer.

Pourtant, la réalité des faits est sans doute autre.

Mais qui peut se contenter de la réalité? Que voyons-nous de nos propres yeux?

Comment aller au cœur d'une réalité qui ne peut que se dérober? J'essaie de faire mes devoirs en pure perte, je crois.

La vieille personne que je suis devenue se souvient trop de certaines déceptions, se contente d'alibis. Ainsi, il ne me serait même pas venu à l'idée de participer à la marche sur Québec cette fin de semaine, au Sommet des Amériques. Mon âge m'en dispensait. Je me souvenais de La Fontaine : « Passe encore de bâtir ; mais planter à cet âge ». Et pourtant, Madeleine Parent, qui doit avoir dix ans de plus que moi, y était. Bravo pour elle.

Et voilà que l'âge ne nous fournit plus aucun alibi. D'ailleurs, personne ne nous en demande plus. Ne sommes-nous pas, enfin, délivrés de toute obligation? Il suffit de se tenir tranquille, de ne pas rouspéter à propos de tout et rien. Sage, sage, la petite vieille, contente-toi d'aller à la banque toucher la pension qui t'est due (et qui nous ruine, ceci entre parenthèses).

Personne ne trouverait étonnant que tu ne te mêles plus des drames et passions des générations montantes. Laisse-les faire, sans faire de drame. Tu as eu ton tour.

Mais, je vous le demande, une vie où l'on n'a plus son mot à dire, cela en vaut-il encore la peine?

Bien sûr, tout te dépasse. Et pourtant, justement cette semaine, tu as essayé de comprendre ce qui se passait là-haut, à Québec, au Sommet des Amériques, ce « Sommet des peuples ».

De bien beaux mots, de bien beaux titres, assurément. Mais comme tu ne lis jamais les pages économiques, tu comptais sur la télévision pour te donner une leçon sur les enjeux de ce qui se tramait, là-bas, derrière les grilles du « Mur de la Honte ». En fait de mur, on a vu mieux, n'importe quel film en technicolor sur les murailles de Troie ou de Carcassonne aurait facilement été plus spectaculaire. En moins de deux minutes, patatras, tout était par terre.

Alors, on n'a rien eu du tout. Pour moi, c'était comme un match de baseball auquel je n'aurais rien compris. La police face aux manifestants. Les reporters, pâmés et excités, comptaient les buts. Le ministre de la Sécurité, tel un enfant, se félicitait de la sagesse et de la bonne tenue de sa police. On se serait cru à une partie de Nintendo (mais comme je n'y ai jamais joué...). Je me rappelai alors qu'il y a longtemps, Alain Resnais avait baptisé un de ses films *La guerre est finie*.

Sans doute, la guerre est finie. Mais laquelle ?

La Guerre, avec une majuscule, pour tous ceux et celles qui espéraient des lendemains qui chantent, des lendemains où justice, fraternité et égalité ne seraient pas que des mots.

Il fallait un bel appétit, un rude courage pour oser continuer à y croire.

Madeleine et ses semblables, militantes d'hier, d'autrefois ou de toujours, ont maintenu le flambeau. Il faudrait prendre exemple. Et pourtant, je suis troublée qu'à ce sommet il n'y ait eu que 34 participants et une seule femme parmi eux. Voilà qui ne nous change guère des clichés d'autrefois. Voilà la photo classique de tous les Parlements un peu partout.

Cette lutte-là n'a donc pas été gagnée — pas perdue non plus, sans doute, et il est bon que des femmes nombreuses et déterminées se soient rendues à ce Sommet. Sommet des Peuples, Sommet des Amériques. Le peuple est là, nombreux, discipliné — 25 000 personnes, dit-on. Et les Chefs, les 34 aussi.

Mais où sont donc passés les Indiens ? Où sont-ils ?

Serait-il possible qu'à cette rencontre des Amériques, eux, encore une fois, aient été escamotés par… ? Par qui, je vous le demande. Ou bien plutôt, je crois que je n'ai pas à le demander. Sans doute qu'on ne les a pas invités. Que viendraient-ils faire, sinon semer la pagaille ? Pourquoi les inviter ? Il est bien plus sage et raisonnable de n'en pas tenir compte du tout. Et voilà qu'à la conférence de presse, après les journalistes, subitement, je le reconnais : Matthew Coon Come, chef actuel des Premières Nations. Jean Chrétien aussi le reconnaît, l'appelle par son prénom — et je me souviens alors qu'il fut déjà ministre des Affaires indiennes — et se porte garant. Garant de quoi ? On ne nous le dit pas, ni maintenant, ni plus tard.

Voilà, sans doute, comment on organise ces spectacles « son et lumière ». Donc, pendant cette fin de semaine, je n'ai toujours rien compris. Je demeure dans le noir, un beau noir seulement agrémenté des nuages de fumée des gaz lacrymogènes. Comme à un jeu pour enfants, de vrais enfants de la petite enfance, on joue au chat et à la souris. On compte les points, sérieusement ; on choisit entre les bons et les méchants, les purs et les violents.

Bien entendu, les violents attirent toute l'attention. On est fasciné par ces nouveaux violents qui arborent des tenues que l'on croyait réservées au seul cinéma. On les compte, on s'interroge sur leurs motivations, ces forces obscures ou secrètes qui ont réussi à les faire avancer jusqu'ici, à l'ombre de leurs casques et masques à gaz. On les surveille, on les a à l'œil.

Peu importent les autres, jeunes ou moins jeunes qui, eux, voulaient nouer un vrai « dialogue ». Avec qui ?

Ils ont dû se tromper de jour, de destination.

L'époque ne se prête guère à ces manifestations de bonne volonté. Certains sont venus de loin, à leurs frais ; ils veulent comprendre qui les manipule, de loin. Ils veulent sans doute prouver qu'ils sont aussi courageux que leurs parents le furent. Et ils s'étaient promis de ne pas succomber à la violence. Oui, ils étaient les doux — à qui on avait promis que la douceur et la politesse offraient des moissons aussi riches et belles que celles des raisins de la colère. On les aura donc trompés une fois de plus. Pendant qu'ils avancent lentement, en rangs serrés, sans broncher, les durs, les violents se fraient un étroit passage et vont pouvoir faire la loi.

Aussitôt, on ne s'occupe que d'eux, ces quelques moutons noirs manipulés par on ne veut — ou ne peut — savoir qui. On joue à la balle avec les grenades fumigènes que l'on s'envoie de part et d'autre. On s'amuse, comme dans une cour de récréation, dans le fameux périmètre de sécurité.

Je m'aperçois qu'une fois de plus la violence l'emporte. Elle seule réussit à capter le regard, elle seule est exportable, désirable. Ah ! les belles images que voilà ! On les verra un peu partout dans le monde. Pour le reste, on repassera. On n'expliquera rien à personne. On tombe toujours dans les mêmes ornières. Voilà que les journalistes s'aperçoivent enfin qu'on ne les aime pas, ni chez les doux ni chez les violents. Ils en semblent étonnés. Personne, sans doute, ne leur a expliqué quel était leur vrai rôle.

Une fois encore c'est une bataille d'images qui se livre sous nos yeux. On n'a pas besoin de psychologues pour évaluer leur vrai âge mental. Comme ils aiment jouer à la guerre — et comme ils ne semblent pas la connaître. Ils y jouent, mais ne s'engagent pas. On va donc se quitter, les uns et les autres, sans avoir rien compris des vrais enjeux. Et nous aurons toujours comme jouet favori, comme hochet de récompense, la perspective de pouvoir aller voter aux prochaines élections quand « ils » le décideront.

Oui, on veut toujours croire que certains jours seront des jours de joie populaire, de vraie et bonne joie, des jours où tous et chacun n'auront qu'à danser et faire la fête, où chacun aura la paix du cœur car, son bulletin de vote en main, il décidera pour lui comme pour les autres qu'il voulait la paix, une vraie paix, où chacun aura sa part (comme dans Hugo) : « Chacun en a sa part et tous l'ont tout entier. »

Rêverie de poète, évidemment. Chers poètes d'autrefois.

Comme la vie sera belle dans nos démocraties, car à cette fête des peuples, aujourd'hui, on n'a que ce mot en bouche.

Il y a place et bonheur assurés pour les peuples qui croiront, dur comme fer, que cela seul peut les sauver, cela, elle, cette démocratie ; c'est bien évidemment elle seule, et seulement elle, qui nous donnera enfin la « victoire finale ».

Qui peut donc encore le croire, je vous le demande ?

Comme j'aimerais à nouveau militer avec la passion de ma jeunesse.

Comme j'aimerais à nouveau être jeune, sans doute.

Comme je comprends Faust aujourd'hui.

Recommencer, refaire, reprendre, avancer, tête baissée, le cœur d'attaque et partir pour un autre bout du monde. Comme le monde était grand, alors, comme il promettait des merveilles.

Et notre fringale était grande après les longues faims d'autrefois.

Aujourd'hui, il suffit, nous dit-on, de bien voter pour pouvoir participer à ces agapes.

Tristesse du pessimisme. Il faudrait retrouver les candeurs d'autrefois et ce sentiment illimité dans sa propre puissance.

Vouloir c'est pouvoir — et c'était, hier, ma devise.

Aujourd'hui j'aimerais m'essayer à la discipline.

Quel beau mot, je vous assure. Avoir de la discipline, ou s'en donner, ou s'en faire donner.

« Laurent, serrez ma haire avec ma discipline » (Molière). Comment l'acquérir, cette discipline qui seule, désormais, peut nous aider à franchir, victorieusement, chaque journée ?

Comment devenir enfin, méthodique, méticuleuse, prête à surmonter des obstacles qui paraissent, réellement, formidables ? On s'en persuade facilement. Pour accomplir l'escalade, chaque pas nous coûte. Tout est corvée et nous rebute, nous répugne.

Ce qui devrait nous apporter de la joie nous plonge dans un malaise. Alors, il faudrait exercer cette discipline qu'on cherchait à nous faire acquérir dans l'enfance. Dans cette seconde enfance du troisième âge, on se rappelle des exploits d'autrefois : lacer des chaussures, faire passer le bouton dans la boutonnière.

Il faudrait se secouer, vigoureusement, accomplir ces petites besognes, ces humbles besognes.

Vouloir c'est pouvoir. Il faut se le répéter jusqu'au vertige.

Quels dieux lares invoquer ? Je me sens vraiment démunie devant ce soleil qui se lève si tôt, comme pour me faire honte de ma paresse.

Déjà, un peu partout à travers la ville, il y a une frénésie de renouveau. Formidable course de vitesse. On balaie, on arrose, on regarnit les parterres, il faut participer aux frénésies printanières pour accueillir la saison qui s'annonce. Victoire de la vie sur la mort. Tout semble possédé par cette ardeur. Nous avons des printemps bien froids en Amérique du Nord, bien tardifs aussi, mais d'une vélocité extraordinaire. N'essayez pas d'être distrait, en ce mois, car vous rateriez pour de bon le rendez-vous.

Mais vous savez, désormais, que vous avez raté le seul rendez-vous qui aurait pu compter. Il n'y viendra personne de ceux qui compteraient et réussiraient à vous faire battre le cœur. Trêve de lamentations et de sima-grées. Un torchon, une éponge, et on se met à l'ouvrage. Trêve de jérémiades.

La paix, la paix, la sainte paix.

Oui, moi aussi, je voudrais faire la paix avec moi-même. Je voudrais arrêter de me harceler sans qu'il en advienne jamais rien de durable ni de bon.

Voilà trois siècles, exactement, fut signée la Grande Paix de Montréal de 1701.

Trois siècles.

Et il faut lire le chapitre intitulé « La paix générale ».

On y trouve ceci :

« La hache est arrêtée, nous l'avons mise ces jours-ci dans le plus profond de la terre, afin qu'on ne se la reprenne plus de part n'y d'autre ». Et le chef des Pou-teoutamis, Onanguicé, déclara, s'adressant à Callières :

« Sois persuadé que ma nation et celle du fond du lac Huron, n'oublieront pas ce que tu as si heureu-sement achevé, la terre est applannie Presentemens.

L'arbre de paix est donc planté sur la plus haute montagne, il faut que les Iroquois & tous les alliés jettent souvent les yeux sur lui. Vivons dorénavant paisibles ; mangeons dans la même chaudière lorsque nous nous rencontrerons à la chasse ».

... « Les ténèbres s'étant dissipées et la hache de guerre étant enterrée, les Amérindiens de l'Ouest et les Iroquois allaient désormais pouvoir vivre en "frères" et circuler en toute tranquillité. »

Tant de vœux pieux, tant de vœux, tant d'espoirs. Car, dans le futur, comme par le passé, on ne connut jamais de longues périodes de paix et de fraternité.

Sans doute, on enterra, quelque temps, la hache de guerre. Mais bien loin de ne planter partout, à travers le monde, que des arbres de paix, on enterre un peu partout des mines antipersonnel. Même si la guerre, parfois, ne fait plus rage depuis longtemps, il en saute, au hasard, sur les plages, dans les prairies. Il suffit du jeu d'un enfant imprudent, au bord de la mer, il suffit d'un rien, et voilà un autre innocent aussitôt transformé en estropié à vie.

Non, nous ne vivons pas paisibles, nous ne mangeons pas dans la même chaudière. L'écart se creuse toujours davantage entre riches et pauvres, et le vieil adage demeure toujours vrai : « Chacun pour soi et Dieu pour tous ». Il faut croire que Dieu est trop occupé ces jours pour rétablir les plateaux de la balance.

Mais la balance ne fut jamais équitable. Truquée, je vous le dis. Ceux-là ne furent jamais nos frères, frères de sang, ni enfants de notre bon père à tous, roi ou président. À nos yeux, ils ne furent que des bons ou mauvais sauvages, de stupides sauvages que l'on pouvait escroquer aisément. Pensez à leur sottise, à leur insigne naïveté. On pouvait acheter leur âme et leur terre avec quelques colliers de coquillages dont même des enfants ne voudraient pas — évidemment pas les enfants d'aujourd'hui —, mais même ceux d'autrefois ne se seraient pas laissé duper.

Je sais, je sais aussi que ces « bons sauvages » n'étaient, eux aussi, que des hommes comme nous, toujours prêts à se faire la guerre, à s'étriper, à se croire plus rusés, forts et malins que leurs voisins. Et voilà comment nous avons pu, petit à petit, au cours des ans, des alliances, des faux traités et des échanges malencontreux, voilà comment nous avons pu prendre leur place, toute la place. Et maintenant, la Grande Paix de 1701.

On ne se rappelle jamais assez que toute guerre se termine, inéluctablement, par un armistice. Là, les vaincus et les vainqueurs font assaut de galanterie et de duperie. Certes, les guerres sont horribles, mais leur conclusion est toujours bâclée en dépit du bon sens. Peut-être que, tout simplement, personne n'aspire vraiment à la paix, une vraie paix qui laisse à chacun le choix de vivre désormais dans une plus grande sagesse, une plus grande bonté, un véritable partage des richesses et des vrais biens.

La peur, mauvaise conseillère, oblige toujours les belligérants à se débrouiller pour qu'elle ne dure pas longtemps et que, vite, vite, chacun puisse bientôt reprendre le jeu formidable là où il l'avait laissé.

Comment s'appelait le dieu de la guerre chez les Iroquois ? Je l'ignore comme tant d'autres choses qui me demeurent mystérieuses. Appelons-le Mars, si vous le voulez bien. Qu'importe désormais son nom, puisqu'il est toujours présent, vigilant, veillant à alimenter tous les feux de la haine et de la destruction.

Mais j'ai laissé passer le mois de mars dans une sorte de stupeur. Et avril avec lui. Si je me souviens bien, mai a été froid, très, et il a même fallu rallumer le chauffage. Juin vient de s'achever dans des trombes d'eau, après de longues journées de canicule. Voilà juillet bien installé et je me jure de ne pas le laisser passer en pure perte. J'essaie de me remettre au travail. Et ce n'est pas facile, je vous l'assure, quand on commence à douter de tout et de rien, de rien surtout, c'est-à-dire de soi.

Comment se faire confiance, quand on s'aperçoit chaque jour davantage de ce qui nous manque, en force, en énergie, en gaieté, en assurance ? Assurance d'autrefois, quand le corps, lui, avait encore cette souplesse, cette élasticité. Quand le cœur, si malmené par l'amour, si dolent souvent, si prompt à battre au moindre appel, n'avait pas de ces ratés en escaladant l'escalier. C'est ce muscle du cœur qui, désormais, lâche, pour rien, pour tout. Demain, sans doute, ce sera autre chose, on n'ose pas prévoir. L'œil ? Les jambes aussi qui parfois semblent se dérober. Et les mains qui s'engourdissent.

Et, pourtant, les seuls jeux qui nous restent sont ceux du travail. Comme ceux qui ne vivent plus que par procuration, je fais des stations de plus en plus longues devant le poste de télévision. Là, j'essaie d'apprendre, de comprendre ce qu'il me faudrait faire pour jouer, encore un peu, le jeu des vivants.

Comme ils sont braves les vieux vivants. Ils savent bien leur leçon, eux. Je les regarde, dans toutes les langues. Dans toutes les situations. Ils ont compris — « intériorisé l'interdit » — et ils se comportent comme il faut. On dirait que, comme les Indiens d'autrefois, ils se sont peint des visages comme des masques. Avec toutes leurs plumes, crinières blanches au vent, dans des tenues soigneusement étudiées. Et ils réussissent, malgré leur ostéoporose dorsale, leur arthrose de la hanche. Ils récitent, avec vigueur, les couplets attendus.

Comme ils sont rassurants à nous débiter ce que nous voulons entendre. On peut être heureux et aimés jusque dans le quatrième âge. Ils se réfugient dans leurs exploits d'autrefois. Ils se racontent avec brio, évoquent, sans larmes, les amours qu'ils ont perdues, les douleurs d'enfantement et de deuil. Car ils sont des survivants. Ils sont encore là, quand leurs enfants, eux, sont déjà partis pour un monde meilleur.

Mais je renonce à me perdre encore dans ces drames de vieillesse, je vais fuir, comme si j'avais une meute à mes trousses. Et, gentiment, des amies m'aident. Elles me prêtent des livres qui baliseront ma route, me permettront de m'aventurer en terre inconnue, semée d'embûches. Comme je suis incapable — et je l'ai toujours été — de me tracer un rigoureux itinéraire, je veux retourner sur mes pas, m'engouffrer dans des chemins de traverse pour tenter de faire le lien entre ce monde d'hier, qui leur appartenait, et celui d'aujourd'hui où, malgré la pleine lune qui règne, le noir de la nuit est vraiment opaque.

Entre ce lointain passé et aujourd'hui, je vais essayer d'établir des liens. En attendant, je m'accorde des trêves de rêverie. Je tente de me représenter ces « Sauvages » du Grand Siècle faisant face à ces Blancs qui ne savent rien faire de ce qui compte. Mais plutôt que de m'attaquer directement à ce hiatus de trois siècles, je vais y aller par plus petites étapes.

Bien sûr, je pourrais rire, déjà, de ces seigneurs, en chapeau à plumes et bas de soie, confrontés à ces Sauvages qui les aident à survivre aux froids de l'hiver, à la pénurie de vivres. Et les robes noires parmi eux, entre eux, les robes noires dont je lis souvent les *Relations* avec une stupéfaction mêlée de sentiments bien ambivalents. Certes, ils croient faire de leur mieux, se donnent un mal infini pour amener à Dieu ces enfants qui ne veulent pas de Lui. Mais quel étonnant aveuglement ! Certes, ils tentent d'apprendre leur langue, de les apprivoiser avec patience, mais même s'ils cherchent avec passion à les convaincre, ils ne peuvent s'empêcher de les voir avec tous leurs préjugés. Car, eux, pour leur malheur, ils ne se voient pas, ils ne voient que le but à atteindre.

Ils sont loin de comprendre cet autrui. Peut-on le leur reprocher ? Dieu les a fait naître ainsi, en ce siècle d'or et de conquêtes. Ils ont eu l'honnêteté, toutefois, de retranscrire tel quel l'accueil qu'ils reçurent. À nous, maintenant de les lire avec des yeux nouveaux.

Mais je me réserve cette joie pour plus tard.

Il faudrait retrouver les lettres de George Sand, me dit mon amie Jeanne G. Et elle me prête les *Lettres sur les Indiens*.

Mais, avant, je vais faire un détour par *Histoire de ma vie*, de George Sand, un de ses textes autobiographiques qui me fascine, chaque fois que je l'ouvre au hasard. Plus que le hasard, c'est un texte de Louis-Ferdinand Céline qui me fait retrouver la trace de George Sand. En effet, pour me « changer les idées », j'avais décidé de me plonger dans la trilogie allemande *D'un château l'autre*, *Nord* et *Rigodon*. Et voilà que dans une entrevue, Céline déclare :

… « Je parle tout de suite de ce que je sais et de ce que j'ai lu. Dans les Mémoires de George Sand — on ne lit pas beaucoup George Sand mais on lit encore un peu ses Mémoires, et moi en particulier je les ai lus — il y a un chapitre remarquable où étant jeune fille, elle allait au-devant de la vie, et elle avait des idées de gauche, d'extrême gauche même pour l'époque. Elle était accueillie, elle avait accès, de par sa naissance et par sa notoriété — on sait que c'était une arrière-petite-fille du prince de Saxe —, elle avait accès dans les grands salons, et en particulier dans ceux où se rassemblaient encore les membres de l'ancienne aristocratie, mais la vraie, celle qui existait encore, qui était sortie de la cour de Louis XVI, avec quel mal ! et même de Louis XV. Et elle regardait ces membres de l'aristocratie avec grande épouvante : La manière dont ils gesticulaient, dont ils s'agitaient, dont ils offraient des petits fours, dont ils s'avançaient des chaises, les retiraient, cachaient leur perruque entre les seins des dames et puis ensuite les mettaient sous leur derrière et puis faisaient mille grâces, mille petits chichis…

Elle en était épouvantée de voir ces vieux d'une époque disparue faire tant de grimaces. Eh bien personnellement, je trouve ce chapitre essentiel. Je crois que Proust lui-même s'en est bien servi, dans ce fameux chapitre où on voit les gens vieillir sur place ; c'est un chapitre fameux, mais là je crois que George Sand l'a précédé ; c'est vraiment un très gros effort littéraire. »

Donc, c'est ainsi, d'un siècle à l'autre, d'un château à l'autre, d'un auteur à un autre, on se repasse le flambeau, on s'instruit, on s'éclaire mutuellement.

Et il me vient une sorte de gaieté à découvrir que George Sand, à six ou sept ans, savait déjà tout des ravages de l'âge alors que mes amies d'aujourd'hui et moi aussi, prétendons toujours qu'on ne nous avait pas averties de ce qui se tramait. Et pourtant, Fillette, Fillette, tant de chansons, tant de poèmes, tant de romans. On me reproche désormais, souvent, de tout peindre en noir, d'avoir une vision apocalyptique de la vieillesse et de ses séquelles. On peut donc lire George Sand en cette troisième partie du chapitre II de *Histoire de ma vie*.

… « Elles avaient été fort belles toutes les deux, et fort vertueuses, disaient-elles, ce qui ajoutait à leur morgue et à leur roideur. Madame de Ferrières avait encore de "beaux restes", et n'était point fâchée de les montrer. Elle avait toujours les bras nus dans son manchon dès le matin, quelque temps qu'il fît. C'étaient des

bras fort blancs et très gras, que je regardais avec étonnement, car je ne comprenais rien à cette coquetterie
surannée. Mais ces beaux bras de soixante ans étaient si
flasques qu'ils devenaient tout plats quand ils se posaient
sur une table, et cela me causait une sorte de dégoût. Je
n'ai jamais compris ces besoins de nudité chez les vieilles
femmes, surtout chez celles dont la vie a été sage.»

Comme Céline, j'admire, j'admire cet art de la description chez Sand, un œil de femme qui voit tout, et
réussit à tout nous faire voir des «naufrages» de la vieillesse.

Voilà, le temps est fini des décolletages, des maillots
de bain échancrés. Nous ne risquons désormais que
d'offenser le regard des enfants. Les oiseaux se cachent
peut-être pour mourir; les vieux, eux, devraient se
retrancher derrière l'armature de leurs vêtements pour
se protéger des regards indiscrets.

Sand continue: «J'étais déjà très artiste sans le
savoir, artiste dans ma spécialité, qui est l'observation
des personnes et des choses. Bien longtemps avant de
savoir que ma vocation serait de peindre bien ou mal les
caractères et de décrire des intérieurs, je subissais avec
tristesse et lassitude les instincts de cette destinée. Je
commençais à ne plus pouvoir m'abstraire dans mes
rêveries, et malgré moi, le monde extérieur, la réalité
venait me presser de tout son poids et m'arracher aux
chimères dont je m'étais nourrie dans la liberté de ma
première existence. Malgré moi, je regardais et j'étudiais
ces visages ravagés par la vieillesse, que ma grand-mère
trouvaient encore beaux par habitude, et qui me parais-
saient d'autant plus affreux que je les entendais vanter

dans le passé. J'analysais les expressions de physionomie, les attitudes, les manières, le vide des paroles oiseuses, la lenteur des mouvements, les infirmités, les perruques, les verrues, l'embonpoint désordonné, la maigreur cadavéreuse, toutes ces laideurs, toutes ces tristesses de la vieillesse qui choquent quand elles ne sont pas supportées avec bonhomie et simplicité. »

Bravo pour Sand qui toujours apporte et distille ses poisons, avec leur antidote à notre portée. La bonhomie et la simplicité, voilà qui peut paraître un peu simple et un peu court. Mais George Sand en fit bon usage, de ces qualités essentielles, à ses yeux. On peut donc la suivre dans cette tournée des étapes, douloureuses souvent, de son enfance.

Je veux juste revenir un peu en arrière, et relire la description de la mort du petit frère (deuxième partie, chapitre XIV) :

« … Le 8 septembre, un vendredi, le pauvre petit aveugle, après avoir gémi longtemps sur les genoux de ma mère, devint froid, rien ne put le réchauffer. Il ne remuait plus. Deschartres vint, l'ôta des bras de ma mère, il était mort.

… Elle ne voulait pas croire que son fils fût mort de dépérissement et de fatigue ; elle prétendait que la veille encore il était en pleine voie de guérison et qu'il avait été surpris par une convulsion nerveuse. "Et maintenant dit-elle en sanglotant, il est dans la terre, ce pauvre enfant ! Quelle terrible chose que d'ensevelir ainsi ce qu'on aime, et de se séparer pour toujours du corps d'un enfant qu'un instant auparavant on soignait et on caressait avec tant d'amour! On vous l'ôte, on le cloue dans une bière, on le jette dans un trou, on le couvre de terre, comme si on craignait qu'il n'en sortît! Ah! c'est horrible et je n'aurais pas dû me laisser arracher ainsi mon enfant; j'aurais dû le garder, le faire embaumer."

— Et quand on songe, dit mon père, que l'on enterre souvent des gens qui ne sont pas morts! Ah! il est bien vrai que cette manière chrétienne d'ensevelir les cadavres est ce qu'il y a de plus sauvage au monde.

— Les sauvages, dit ma mère, ils le sont moins que nous. Ne m'as-tu pas raconté qu'ils étendent leurs morts sur des claies et qu'ils les suspendent desséchés sur des branches d'arbre? J'aimerais mieux voir le berceau de mon petit enfant accroché à un des arbres du jardin que de penser qu'il va pourrir dans la terre!»

Et l'histoire se continue, et elle vaut la peine d'être lue, dans son intégralité. Donc, si vous êtes curieux, il n'est que de poursuivre la lecture de George Sand. Moi, pour le moment, je veux simplement déclarer que les meilleurs lecteurs sont souvent de bons écrivains et que Sand, sans nul doute, a trouvé chez Chateaubriand de quoi nourrir l'histoire de sa vie.

Entrons donc dans l'univers d'*Atala*. Il suffit de se laisser aller à ce qui nous est conté et on peut se croire au cœur même de l'illusion. (Peu importe que Chateaubriand invente ou non quelques détails, il suffit de se laisser emporter par lui.)

Donc, dans l'épilogue d'*Atala*, on trouve :

« J'étais arrivé tout près de cette chute, dans l'ancien pays des Agonnonsioni [alias Iroquois], lorsqu'un matin, en traversant une plaine, j'aperçus une femme assise sous un arbre, et tenant un enfant mort sur ses genoux. Je m'approchai doucement de la jeune mère, et je l'entendis qui disait : "Si tu étais resté parmi nous, cher enfant, comme ta main eût bandé l'arc avec grâce ! Ton bras eût dompté l'ours en fureur ; et sur le sommet de la montagne, tes pas auraient défié le chevreuil à la course…".

… Et la jeune mère chantait d'une voix tremblante, balançait l'enfant sur ses genoux, humectait ses lèvres du lait maternel, et prodiguait à la mort tous les soins qu'on donne à la vie.

Cette femme voulait faire sécher le corps de son fils sur les branches d'un arbre, selon la coutume indienne, afin de l'emporter ensuite aux tombeaux de ses pères. Elle dépouilla donc le nouveau-né, et respirant quelques instants sur sa bouche, elle dit : "Âme de mon fils, âme charmante, ton père t'a créée jadis sur mes lèvres par un baiser ; hélas, les miens n'ont pas le pouvoir de te donner une seconde naissance !" Ensuite elle découvrit son sein, et embrassa ces restes glacés, qui se fussent animés au feu du cœur maternel, si Dieu ne s'était réservé le souffle qui donne la vie.

Elle se leva et chercha des yeux un arbre sur les branches duquel elle pût exposer son enfant. Elle choisit un érable à fleurs rouges, festonné de guirlandes d'apios, et qui exhalait les parfums les plus suaves. D'une main elle en abaissa les rameaux inférieurs, de l'autre elle y plaça le corps ; laissant alors échapper la branche, la branche retourna à sa position naturelle, emportant

la dépouille de l'innocence, cachée dans un feuillage
odorant. Oh ! que cette coutume indienne est touchante !
Je vous ai vus dans vos campagnes désolées, pompeux
monuments des Crassus et des César, et je vous préfère
encore ces tombeaux aériens du Sauvage, ces mausolées
de fleurs et de verdure que parfume l'abeille, que balance
le zéphir, et où le rossignol bâtit son nid et fait entendre
sa plaintive mélodie. »

Évidemment, il est facile de faire remarquer qu'il
n'y a pas de rossignol en Amérique — une note en bas de
page nous le confirme ! —, mais qu'importe, quoi qu'on
en dise, ce sont les poètes, bien souvent, et même les
plus romantiques, qui sont le plus près de la vérité. Il
me semble que Chateaubriand, dans son voyage en
Amérique, a compris ce que les Indiens, de nos jours,
réclament si souvent sans être entendus. Les rossignols
de Chateaubriand le lui ont peut-être fait entendre ! Car
ce respect des morts, cette croyance profonde en la
valeur sacrée de la terre des morts et des ancêtres, il l'a
comprise et respectée.

Alors, pour la première fois, je fais appel à un vrai
témoignage — la *Relation* de 1634 de Paul Lejeune,
éditée par Guy Laflèche.

Et j'en extrais ceci : « Tous les Sauvages assistoient à
toutes les cérémonies. Quand ce vint à le mettre en la
fosse, sa mère y mit son berceau avec lui et quelques
autres hardes selon leur coustume, et bientôt après tira
de son laict dans une petite escuelle d'escorce qu'elle
brûla sur l'heure mesme. Je demandai pourquoi elle
faisait cela : une femme me repartit qu'elle donnait à

boire à l'enfant dont l'âme beuvoit l'âme de ce laiɛt. Je l'instruisis là dessus, mais je parle encore si peu qu'à peine me put-elle entendre. »

Heureusement qu'elle ne l'entendit pas, car on ne sait que trop ce qu'il brûlait de lui faire entendre, et qui montrerait, de façon évidente qu'il ne pouvait respeɛter aucune autre croyance que la sienne. Mais il y a aussi un ravissement à lire cette *Relation* de 1634 de Paul Lejeune : « Le missionnaire, l'apostat, le sorcier », car Paul Lejeune a aussi une sorte d'innocence et de véracité qui n'appartiennent qu'aux âmes intègres et il se livre dans ces relations avec une intégrité rare. On croirait retrouver le Freud des *Cinq psychanalyses*, et particulièrement le cas « Dora ». Car Freud, aveuglé par Dora, montre comment — et peut-être pourquoi — il fut ainsi aveuglé.

Mais le Père Lejeune, lui, croit toujours fermement que lui et lui seul, détient la vérité, que ces Sauvages, bons ou mauvais, ne peuvent que gagner au change et que seule la vraie foi, la sienne, peut les sauver des horreurs de l'enfer. C'est donc un vrai courage qu'il lui faut déployer, car, et c'est là sa découverte essentielle, pour les convertir, ces Sauvages, il faut arriver à une vraie maîtrise de leur langue. Il déploiera donc une extraordinaire énergie pour l'apprendre, cette langue, et la bien parler, car comme il l'avoue : « Celui qui sçauroit parfaitement leur langue, il seroit tout-puissant parmi eux, ayant tant soit peu d'éloquence. Il n'y a lieu au monde où la Rhétorique soit plus puissante qu'en Canadas, et néanmoins elle n'a point d'autre habit que celui que la nature lui a baillé : elle est toute nue et toute simple, et cependant elle gouverne tous ces peuples, car leur Capitaine n'est eslu que pour sa langue, et il est autant bien obéi qu'il l'a bien pendue. »

Sans doute, certains des « princes qui nous gouvernent » ont tiré parti de cette constatation. Quant à Guy Laflèche, dans le paragraphe de l'Introduction intitulé « Le récit malheureux », il constate : « Il reste que le plus grand échec de Lejeune est la réussite à peu près complète de sa mission volante : il s'est fait Sauvage parmi les Sauvages, nomade et bon élève ; et il n'en est pas peu fier, ne serait-ce que de l'exploit sportif d'une course de "six mois peu de jours moins". Il a peut-être appris imparfaitement la langue des Montagnais, mais il en connaît bien le langage : toute la partie descriptive de la Relation lui est consacrée. Mais tout cela s'est fait en vain…

… Voilà ce que cache la description : le récit d'un échec humiliant, celui de la sémiologie française du dix-septième siècle inopérante à quarante lieues de Québec… ».

Car ils ne sont pas dupes — ou jamais longtemps — de ces belles paroles, ces bonnes intentions. Même quand ils se laissent leurrer, ils reprennent vite leurs esprits. Et alors, ils constatent : « depuis que l'homme blanc est arrivé sur cette terre, la mort est arrivée avec eux, la mort, la maladie ». Or, ce qui a pu les attirer chez les robes noires, c'était justement l'espoir de connaître de nouveaux remèdes, d'échapper à la mort. Et voilà qu'avec leur présence, les maladies, les épidémies se font toujours plus meurtrières ; alors, ils s'estiment lésés et trompés. Dans *Pieds nus sur la terre sacrée*, le recueil de textes publié par Teri McLuhan (avec des photos de S. Curtis), on peut comprendre ce qui les motive et les a toujours motivés ; en 1676, un chef indien gaspésien (micmac aujourd'hui) critique un groupe de capitaines français pour la haute opinion qu'ils affichent à l'égard de la civilisation française.

« Vous reprochez fort mal à propos à notre pays d'être un petit enfer sur terre en contraste avec la France que vous comparez à un paradis terrestre, parce qu'il vous donne, dites-vous, toutes sortes de provisions en abondance. Vous dites de nous que nous sommes les plus misérables et les plus malheureux de tous les hommes, vivant sans religion, sans éducation, sans honneur, sans ordre social, en un mot sans aucune loi, comme les bêtes de nos bois et forêts, manquant de pain, de vin et milliers d'autres avantages dont vous regorgez en Europe. Écoutez, frères, si vous ne connaissez déjà les véritables sentiments que nos Indiens ont pour votre pays et pour toute votre nation, il est bon que je vous en informe sans tarder. Croyez bien qu'aussi misérables que nous apparaissions à vos yeux, nous nous regardons néanmoins comme plus heureux que vous, en ceci que nous nous contentons du peu que nous avons...

Vous serez probablement déçus si vous pensez nous persuader que votre pays est meilleur que le nôtre. Pourtant si la France est comme vous le dites, un petit paradis terrestre, est-il sensé de le quitter ? Et pourquoi

abandonner femmes, enfants, parents et amis? Pourquoi risquer vos vies et vos biens chaque année? Et
pourquoi vous aventurer et prendre de tels risques quelle
que soit la saison, affronter les orages et les tempêtes de
la mer pour venir dans un pays étranger et barbare que
vous considérez comme le plus pauvre et le plus malheureux de la terre? D'autant que nous sommes convaincus
du contraire…

… Il est vrai que nous n'avons pas toujours eu le
pain et le vin que votre France produit, mais en fait, avant
l'arrivée des Français dans ces parages, les Gaspésiens ne
vivaient-ils pas plus vieux que maintenant? Et si nous
n'avons plus parmi nous de ces vieillards comptant cent
trente ou cent quarante années, c'est seulement parce
que peu à peu nous adoptons votre manière de vivre ;
parce que, comme l'expérience le montre, ceux des nôtres
qui vivent le plus longtemps sont ceux qui méprisent
votre pain, votre vin, votre eau-de-vie, se contentent de
la chair du castor, de l'élan, de l'oiseau et du poisson, et
vivent en harmonie avec la coutume de nos ancêtres.

Apprenez maintenant mes frères, une fois pour
toutes, parce que je vous dois la vérité : il n'y a pas
d'Indien qui ne se regarde comme infiniment plus
heureux et plus puissant que le Français. »

Certes, cela devait être la suprême injure, pour les
gens de cette époque, que de se faire considérer de haut
par ceux-là mêmes que l'on voulait à toute force colo-
niser, instruire et catéchiser. Dont on voulait aussi, et
surtout, accaparer les terres, la terre, la terre des Indiens,
la terre sacrée des Indiens — et qu'on ne peut pas vendre

puisqu'elle est notre mère. Et comment pourrait-on vendre sa mère ? Les Français n'écoutent pas, ils ne peuvent écouter ce discours qui prêche une autre doctrine que la leur. Et pourtant, tout au long de ce recueil, on retrouve les mêmes actes de foi. « Le chef d'une des principales bandes de Blackfeet du nord, pressé par les délégués des États-Unis de signer une des premières conventions territoriales de cette région de la Milk River, près de la frontière du Montana et des territoires du nord-ouest, répondit par une fin de non-recevoir, en dédaignant les compensations financières des Blancs :

"Notre terre vaut mieux que de l'argent, elle sera toujours là. Elle ne périra pas même dans les flammes d'un feu. Aussi longtemps que le soleil brillera et que l'eau coulera, cette terre sera ici pour donner vie aux hommes et aux animaux. Nous ne pouvons vendre la vie des hommes et des animaux ; c'est pourquoi nous ne pouvons vendre cette terre. Elle fut placée ici par le Grand Esprit et nous ne pouvons la vendre parce qu'elle ne nous appartient pas. Vous pouvez compter votre argent et le brûler dans le crâne d'un bison, parce que seul le Grand Esprit peut compter les grains de sable et les grains d'herbe de ces plaines. Tout ce que nous avons et que vous pouvez emporter, nous vous le donnerons, mais la terre, jamais." »

Non, la terre, jamais.

Ils l'ont cru, sans doute. Jamais la terre. Mais la terre leur fut ôtée. Morcelée, divisée, on espéra qu'ils se contenteraient de ces portions congrues, qu'ils resteraient bien sagement à l'abri, dans leurs réserves.

Mais jamais ils ne se résignèrent à être ainsi parqués à l'étroit, isolés, maintenus en dépendance sur cette terre, leur terre, depuis le commencement du monde. Là, l'histoire se fait ténébreuse. Qui la changera ? Il est facile de falsifier les textes, les sources. Moi, je n'ai qu'à citer, quasi au hasard, *Pieds nus sur la terre sacrée*. Là je vous cite les paroles de Speckled Snake, âgé de plus de cent ans en 1829 :

« Frères, j'ai écouté beaucoup de discours de notre vénérable Père. Quand il est arrivé par les grandes eaux, il n'était qu'un petit homme… tout petit. Les jambes engourdies d'être restées trop longtemps dans la position assise sur son gros bateau, il mendia un peu de terre pour y allumer son feu… Mais l'homme blanc s'est chauffé au feu des Indiens et nourri de leur semoule et il est devenu très grand. D'une seule enjambée, il passait les montagnes et ses pieds couvraient les plaines et les vallées. Ses mains ont agrippé les mers de l'Est et de l'Ouest, et sa tête reposait sur la lune. Puis il devint notre père vénérable. Il aimait ses fils rouges et disait : "Éloigne-toi quelque peu, tu es encore trop près de moi". »

Certes, on les a éloignés, encore un peu, encore davantage. Toujours ils étaient trop près. Encore plus loin, toujours plus loin, on leur alloue les terres dont les autres ne veulent pas. Tout au long des accords, des traités, on réduit toujours davantage leur part. « Chacun en a sa part et tous l'ont tout entier », chantait Hugo de l'amour maternel. L'amour du père est d'une tout autre espèce.

Voilà le chef Joseph maintenant : « Les hommes blancs étaient si nombreux ; nous ne pouvions leur tenir tête. Nous étions comme des daims. Ils étaient comme des ours grizzlis. Nous avions un petit pays. Le leur était vaste. Nous nous contentions de laisser les choses telles que le Grand Esprit les avait créées. Eux non : ils changeaient le cours des rivières s'il ne leur convenait pas. »

On ne comprendra jamais assez, je crois, l'horreur que ces métamorphoses leur inspirèrent. Tout ce qui était sacré pour eux se retrouvait anéanti.

Pourtant, dès le XVIᵉ siècle, avec Montaigne, on comprend l'infamie qu'il y a à duper — « piper » est le mot exact qu'il emploie — ces créatures innocentes et naïves. Bien sûr, ils sont aussi des « Sauvages, ces cannibales », et bien sûr, ils ne portent pas de hauts-de-chausses, comme le conclut Montaigne avec une ironie meurtrière ! Mais il a déjà saisi toutes les atrocités de cette conquête du Nouveau Monde.

Je vous cite un extrait des *Essais* (*Des cannibales*, I, 31) :

« Or je trouve à mon propos, qu'il n'y a rien de barbare et de sauvage en cette nation, à ce qu'on m'en a rapporté, sinon que chacun appelle barbarie ce qui n'est pas de son usage ; comme de vray, il semble que nous n'avons autre mire de la vérité et de la raison que l'exemple et idée des opinions et usances du pais où nous sommes. Là est toujours la parfaicte religion, la parfaicte police, perfect et accompli usage de toutes choses. Ils sont sauvages, de mesme que nous appelons sauvages les fruicts que nature, de soy et de son progrez ordinaire, a produicts : là où, à la vérité ce sont eux que nous avons alterez par nostre artifice et détournez de l'ordre commun, que nous devrions appeler plustot sauvages »…

Et plus tard, comment ne pas s'émerveiller de ce passage tiré du livre III (chapitre 6) :

« Notre monde vient d'en trouver un autre, non moins grand, plain et membru que luy, toustefois si nouveau et si enfant qu'on lui apprend encore son a, b, c ; il n'y avait pas cinquante ans qu'il ne scavait ni lettres, ny pois, ni mesure, ni vestement, ni bled ni vignes. Il était encore tout nud au giron et ne vivait que des moyens de sa mère nourrice...

... Bien crains-je que nous aurons bien fort hasté sa déclinaison et sa ruyne par notre contagion, et que nous luy aurons bien cher vendu nos opinions et nos arts. C'était un monde enfant... »

Voilà le Nouveau Monde que nous leur avons dérobé par ruse. Voilà le Nouveau Monde, enfant, que nous n'avons pas su convaincre. Comme George Sand, deux siècles plus tard, Montaigne cherche à ne peindre les Indiens que d'après nature, ou en se fiant à un témoignage irréfutable. Et cela donne aussi ceci : « Trois Indiens, attirés à Rouen du temps de feu Roy Charles neuviesme, firent cette déclaration [parmi d'autres mais qui dut ravir Montaigne] : "Ils avaient aperçu qu'il y avait parmi nous des hommes pleins et gorgez de toutes sortes de commoditez, et que leurs moitiez estoient mendiants à leurs portes, décharnez de faim et de pauvreté ; et trouvaient estrange comme ces moitiez icy necessiteuses pouvoient souffrir une telle injustice." »

Voilà, évidemment, une déclaration qui ne peut

venir que d'un peuple enfant, une déclaration si audacieuse qu'il fallait être Montaigne pour nous la transmettre « verbatim ».

Voilà une vertu si féroce que seuls les premiers chrétiens, sans doute, auraient pu la comprendre.

Sans doute, toutes ces croisades ne se firent, officiellement, que pour amener à Dieu de nouvelles conquêtes humaines. Mais on ne trouve guère pratiquées les vertus qui devraient alors fleurir sur tout le continent.

Nulle compréhension, chez les robes noires, pour ces repas où chacun pouvait manger à sa faim, ces fêtes libertaires où l'on partageait tout. Comment comprendre ces peuples qui mettaient en action les principes du Livre ? « Ils ne tissent ni ne filent ». Ils partagent tout avec leurs frères et leurs parents. Quel exemple à éviter ! Comment les forcer à se soucier du lendemain ?

Pourquoi vivraient-ils libres et heureux alors que Dieu a toujours jugé que, pour sa punition, la progéniture d'Adam gagnerait son pain à la sueur de son front et qu'Ève accoucherait dans la douleur ?

Certes, on y mettra bon ordre.

Montaigne continue ainsi la description de ses Cannibales :

« Au demeurant, ils vivent une contrée de pais très plaisante et bien tempérée ; de façon à ce que m'ont dit mes tesmoings, il est rare d'y voir un homme malade ; et m'ont assuré n'en y avoir veu aucun tremblant, chassieux, edenté ou courbé de vieillesse... Ils ont grande abondance de poisson et de chairs qui n'ont aucune ressemblance aux notres, et les mangent sans autre artifice que de les cuire... ».

Quant au problème du cannibalisme, il passe outre, légèrement : « je pense qu'il y a plus de barbarie à manger un homme vivant qu'à le manger mort, à déchirer par tourmens et par genes un corps encore plein de sentiment, le faire rôtir par le menu, le faire mordre et meurtrir aux chiens et aux pourceaux... que de le rostir et manger après qu'il est trespassé.

... Nous les pouvons donc bien appeler barbares, eu esgard aux règles de la raison, mais non pas eu esgard à nous qui les surpassons en toute sorte de barbarie. »

Voilà sans doute le regard qu'il fallait. Le texte se termine donc : « Tout cela ne va pas trop mal : mais quoy, ils ne portent point de hauts-de-chausses ! »

Mais les robes noires non plus n'en portent pas. Au moins, sur un point, le témoignage de Paul Lejeune vient corroborer celui de Montaigne. Dans le chapitre 5, « Des choses bonnes qui se trouvent dans les Sauvages », on peut lire : « Si nous commençons par les biens du corps, je dirai qu'ils les possèdent avec avantage : ils sont grands, droiéts, forts, bien proportionnés, agiles, rien d'efféminé ne paroist en eux. Ces petits damoiseaux qu'on vit ailleurs ne sont que des hommes en peinture à comparaison de nos Sauvages. J'ai quasi creu autre fois que les images des empereurs romains représentaient plustot l'idée des peintres que des hommes qui eussent jamais esté, tant leurs têtes sont grosses et puissantes, mais je vois ici sur les espaules de ce peuple les testes de Jules César, de Pompée, d'Auguste, d'Othon et des autres que j'ai veu en France tirées sur le papier ou relevées en des médailles. »

Donc les Sauvages sont beaux, d'une beauté digne d'inspirer le respect, une beauté antique, classique. Et si leurs corps sont beaux, leurs âmes pourraient également l'être, si on arrive à les persuader de se laisser convertir. Comme il a dû souffrir, le pauvre missionnaire, aveuglé par sa foi, mais toutefois pas assez aveugle pour ne pas comprendre que, la plupart du temps, on se moque de lui, et personne au monde, d'après lui, n'a l'esprit plus critique ni ne se moque davantage que ces « bons sauvages toujours prêts à rire et à se moquer ». Le Père Lejeune a fort à faire pour pouvoir boucler le récit de ses mésaventures de toutes sortes. Mais il conserve quand même une bonté et une admiration pour « ses » Sauvages, car ils sont à lui, désormais, il ne peut s'empêcher de le croire. Et c'est avec une patience angélique qu'il tente de comprendre leurs langues, il est prêt à tout pour maîtriser et s'approprier ce savoir — qu'on lui dispute et lui vend chèrement — et il reconnaît humblement ne plus être assez jeune pour pouvoir arriver à le maîtriser vraiment.

Oui, il est plein de modestie, tentant d'accomplir une mission qui ne peut être vécue que dans le déchirement.

Il est émouvant de constater que la *Relation* de 1634 de Paul Lejeune se termine par ces phrases : « Encore un mot, puis que vostre Révérence nous aime si tendrement et que ses soings nous viennent si puissamment secourir jusque au bout du monde : Donnez-nous, mon Révérend Père, s'il vous plaist, des personnes capables d'apprendre les langues...

Depuis la mort d'un pauvre misérable François massacré aux Hurons, on a découvert que ces Barbares avaient fait noyer le Révérend Père Nicolas Récolect, tenu pour un grand homme de bien : tout ceci nous fait voir qu'il est besoin de tenir ici le plus de Pères qu'on pourra, car si par exemple le Père Brébeuf et moi venions à mourir, tout le peu que nous sçavons de la langue Huronne et Montagnaise se perdroit, et ainsi ce serait toujours à recommencer et à retarder le fruict que l'on désire recueillir de cette Mission. »

Oui, il est un vrai missionnaire et qui a eu l'étonnante révélation de l'importance de la langue pour pouvoir s'approcher de l'âme de ses Sauvages. Car autant le Père Lejeune se montre aveugle et sourd pour comprendre le monde nouveau qu'il explore, sans aucun respect pour leurs croyances, leurs émouvants cris de détresse, autant il est pénétré de respect pour la beauté et la subtilité de leur langue, « l'économie de leurs paroles et leur façon de s'énoncer ». Après avoir composé deux petites oraisons, il les récite tout haut, en leur langue. Et il s'efforce, avec soin, de les retranscrire. Et pour tous ceux et celles qui s'intéressent à la poétique, on peut voir avec quel soin jaloux le Père Lejeune a retranscrit leur prière (même Henri Meschonnic, je crois, accepterait cette transcription que l'on retrouve en pages 158-159 du livre de Guy Laflèche).

Donc, après avoir retranscrit fidèlement en version bilingue cette prière, il insiste : « Voilà comment ils procèdent en leurs discours. Si ces deux petites oraisons sont mises soubs la presse, je supplie l'imprimeur de prendre garde aux mots Sauvages : ceux qui estoient dans la Relation de l'an passé ont été corrompus et remplis de fautes à l'impression ; pour le François, si l'imprimeur ou moi y manquons, on nous peut aisément redresser, mais pour le langage de Sauvage, je serois bien aise de le voir bien correct. »

Très vite, en effet, Lejeune s'aperçoit que cette langue qu'il croyait d'abord pauvre est d'une infinie complexité et qu'il ne la maîtrisera jamais vraiment, ce qui nous vaut cet aveu, lui aussi bien touchant et sincère : « la difficulté de ceste langue qui n'est pas petite, comme on peut conjecturer de ce que j'ai dit, n'a pas esté un petit obstacle pour empescher une pauvre mémoire comme la mienne d'aller bien loing. Je jargonne néanmoins, et à force de crier je me fais entendre. »

Voilà donc une merveilleuse confession et qui montre à quel point le Père Lejeune est débordé par ce qui lui arrive. Il lui faut crier, désormais, pour se faire entendre et livrer son message ; lui le civilisé, il doit hurler son message dans l'espoir d'être non pas compris mais seulement « entendu ».

Je retourne à la préface de Guy Laflèche (page XXXV) :

« Lorsque Paul Lejeune a vu pour la première fois des Amérindiens, il a été profondément frappé par leur utilisation de la parole. La langue montagnaise est sûrement très différente des langues européennes, mais la parole montagnaise n'a aucun équivalent en Europe : les Amérindiens parlent peu, jamais deux à la fois, ils n'interrompent jamais leur interlocuteur et ne se laissent pas interrompre ; ils ne dialoguent pas, ils font des discours et il n'est jamais question de leur conversation mais de leur éloquence. »

On peut donc juger de la frustration du Père Lejeune, contraint au hurlement pour se faire seulement écouter. Car très tôt, très vite il a compris qu'il ne pourrait jamais se faire vraiment comprendre.

Et moi aussi, par moments, il me vient comme une sourde révolte en comprenant que, moi non plus, je n'arriverai jamais à me faire une juste opinion en ce qui concerne « mes Indiens ». Les mois passent, les livres s'accumulent sur ma table de nuit — des piles et des piles de livres — et je n'arrive jamais à me décider à prendre parti. Car rien n'est simple en cette sombre histoire. Une seule chose, pourtant, me frappe, presque depuis le début de mes lectures. C'est la quasi-certitude de tous ceux qui en parlent ou en écrivent de prophétiser leur déclin et leur fin. Ces vivants bariolés, à leurs yeux, sont toujours les derniers d'une race en voie d'extinction. Cela seulement semble acquis : d'ici peu, il n'y aura plus d'Indiens. Que l'on lise Fenimore Cooper ou *La Saga des Béothuks*, il s'agit toujours du dernier Indien, la fin d'une race funeste et promise à l'anéantissement. Ainsi, même Yves Thériault, dans *Ashini*, fait de son héros le tout dernier représentant de sa tribu, un héros méconnu et spolié, dont même la mort exemplaire servira à l'anéantir définitivement. Mais je reviendrai, plus tard, à ces évocations indiennes dans la littérature québécoise. Même Chateaubriand, dans sa Préface au *Voyage en Amérique*, déclare : « Autrefois, quand on avait quitté ses foyers comme Ulysse on était un objet de curiosité ; aujourd'hui, excepté une demi-douzaine de personnages hors de ligne par leur mérite individuel, qui peut intéresser au récit de ses courses ? Je viens me ranger dans la foule des voyageurs qui n'ont vu que ce que tout le monde a vu, qui n'ont fait faire aucun progrès aux sciences ; qui n'ont rien ajouté au trésor des connaissances humaines ; mais je me présente comme le dernier historien de la terre de Colomb, de ces peuples dont la race ne tardera pas à disparaître ; je viens dire quelques mots sur les destinées futures de l'Amérique, sur ces autres peuples héritiers des infortunés Indiens : je n'ai d'autre prétention que d'exprimer des regrets et des espérances. »

À aucun moment on ne peut mettre en doute la sincérité de Chateaubriand quand il s'approche à son tour de ces Sauvages dont il nous rapporte souvent les détails les plus propres à éveiller de l'empathie chez ses lecteurs. Car c'est bien Chateaubriand, le premier, qui s'émerveille de l'éducation donnée aux enfants sauvages, amour et respect — et jamais, au grand jamais le moindre châtiment corporel. Mine de rien, en quelques notations, il réussit à nous faire comprendre toutes les iniquités d'une situation où l'Indien dépossédé est soumis à l'arbitraire de ses conquérants. Sans oublier l'humour involontaire et irrésistible qui se présente parfois en des occasions si rocambolesques qu'on ne pourrait les décrire sans les avoir vues. Je cite :

« ... Nous entrions dans les anciens cantons des six nations iroquoises...

... On sait déjà que j'eus le bonheur d'être reçu par un de mes compatriotes sur la frontière de la solitude, par ce M. Violet, maître de danse chez les Sauvages. On lui payait ses leçons en peaux de castor et en jambons d'ours. Au milieu d'une forêt, on voyait une espèce de grange ; je trouvai dans cette grange une vingtaine de Sauvages, hommes et femmes, barbouillés comme des sorciers, le corps demi-nu, les oreilles découpées, des plumes de corbeau sur la tête et des anneaux passés dans les narines. Un petit François, poudré et frisé comme autrefois, habit vert-pomme, veste de droguet, jabot et manchettes de mousseline, racloit un violon de poche, et faisait danser Madelon Friquet à ces Iroquois. M. Violet en me parlant des Indiens, me disoit toujours : "Ces messieurs sauvages et ces dames sauvagesses". Il se louait beaucoup de la légèreté de ses écoliers : en effet je n'ai jamais vu faire de telles gambades. M. Violet, tenant son petit violon entre son menton et sa poitrine, accordoit l'instrument fatal ; il crioit en iroquois : "À vos places !" et toute la troupe sautoit comme une bande de démons. »

J'adore cette page, cette scène fantastique où deux mondes se rencontrent dans une étonnante étrangeté. Tout pouvait être possible alors, tout était déjà possible en cette scène de troc, les deux mondes pouvaient se rencontrer, à mi-chemin, chacun offrant à l'autre ce dont il avait besoin. Ces « messieurs sauvages et ces dames sauvagesses » allaient enfin rencontrer un alter ego, s'exprimant dans leur langue et fier de leurs exploits, et lui, à son tour, pourrait se régaler de savoureux jambons d'ours.

Aucun mépris, aucune feinte en cet échange. D'ailleurs, Chateaubriand conclut ainsi cet épisode : « C'était une chose assez étrange pour un disciple de Rousseau, que cette introduction à la vie sauvage par un bal que donnoit à des Iroquois un ancien marmiton du général Rochambeau. »

On peut tout juste regretter qu'il n'y ait pas eu plus de marmitons au cœur simple et aux origines modestes pour réussir cette alliance entre hommes de bonne volonté. (Quant à moi, je vous fais grâce des théories de Rousseau sur le bon sauvage et retourne sagement à mes moutons en robe noire.)

Car, étonnamment, seules les robes noires, elles, n'ont pas toujours cru à l'anéantissement — plus ou moins proche — de ces tribus, de ces tribus nombreuses et florissantes d'âmes, ces âmes précieuses qu'il fallait sauver — aux dépens de sa propre vie le plus souvent.

Les Jésuites voulaient sauver ces « sauvages », de toutes leurs forces, et jamais ils ne semblent avoir tenu pour acquis que leur survie même ait été aléatoire. Et je

m'interroge maintenant sur ce qu'il faut comprendre de
ces prophéties lugubres, distribuées par tout le monde
au cours des siècles. Car tout le monde a répété comme
une évidence que personne, personne, ne sortirait vivant
de ces affrontements meurtriers. Pour tous, donc, il y
avait un destin, une fatale loi, non écrite sans doute,
mais visible, prévisible aussi, certainement, qui annonçait leur effacement de la surface de la terre. Partout, on
retrouve cette certitude ! Ce monde sauvage allait disparaître, ce n'était qu'une question de temps, et vite, vite,
il fallait au moins réussir à sauver quelque chose de leur
passage sur terre. Même Catlin, « le cornac des sauvages »
comme le surnomme Baudelaire dans son Salon de 1846,
même Catlin qui nous a laissé tant de croquis magni-
fiques, des centaines et des centaines de croquis et de
peintures, croit en leur « extinction probable ». Comme
s'ils étaient voués à la destruction, une destruction fatale
— et je n'ose encore écrire une « solution finale ». Et
pourtant, à force de la prédire, de la croire inéluctable,
cette fin, il semble que quelque chose d'inexorable se soit
peu à peu mis en place. Je n'ose trop m'aventurer, en ce
domaine, mais il me semble que ces prédictions ne
soient pas anodines et que quiconque va dans la vie en
proclamant la destruction inévitable de tel ou tel peuple
ne puisse le faire impunément. Je deviens peut-être aussi
superstitieuse et vulnérable que mes Indiens, mais une
telle affirmation — sans cesse répétée — finit par être
contagieuse. À force de tant et tant affirmer qu'ils étaient
voués à l'extinction, on les a définitivement rayés de
nos horizons.

Je n'arrive pas à me faire une opinion : quand ils annonçaient leur déclin et leur effacement inévitable, quels étaient les mobiles de ces prophètes de malheur ? Voulaient-ils les protéger comme les blanchons de Brigitte Bardot ? Le voulaient-ils vraiment ou bien ne se rendaient-ils pas compte de leurs propres désirs d'effacer, d'anéantir quiconque refusait de se plier à la loi commune comme si toute déviance, toute différence était passible, à plus ou moins long terme, de mort ?

Or, justement, à tout prix, les Indiens veulent vivre, ils s'accrochent à cette vie qui leur semble la seule possible — car ils n'ont que faire des promesses pour une après-vie à laquelle ils refusent de croire. La plupart des malentendus entre le Père Lejeune et ses Sauvages viennent justement de là. Eux, quand ils se sentent malades ou mourants l'implorent de les sauver, de les sauver c'est-à-dire de les faire échapper à la mort, car ils le croient souvent plus fort et plus rusé que leurs propres sorciers, et ils sont prêts à accepter le baptême en échange de son aide. Et lui, qui est un cœur pur se refuse à le leur accorder pour cette raison, cette mauvaise raison, à ses yeux, et il leur parle en vain des tourments éternels qu'ils se préparent, en enfer.

Certes, ils n'étaient pas faits pour se comprendre, le Père Lejeune, tout prêt à leur sacrifier son existence terrestre, et les Sauvages qui ne demandaient qu'à festoyer quand la chasse ou la pêche leur était favorable.

Non, la robe noire ne peut pas comprendre ces fêtes, ces « festins à manger tout », ces femmes lascives toujours prêtes à s'offrir à lui. Et qu'il ne peut que refuser. Et eux, de se sentir blessés par ces refus, comme autant de signes de mépris.

Pourtant, parfois, comme il sait bien plaider leur cause.

Et justement quand il ne cherche pas, explicitement, à plaider leur cause. Ainsi, dans le chapitre 5 de sa *Relation*, on trouve : « Pour l'esprit des Sauvages, il est de bonne trempe ; je crois que les âmes sont toutes de même estoc et qu'elles ne diffèrent point substantiellement, c'est pourquoi ces Barbares ayant un corps bien fait et les organes bien rangés et bien disposés, leur esprit doit opérer avec facilité : la seule éducation et instruction leur manque, leur âme est un sol très bon de la nature, mais chargé de toutes les malices qu'une terre délaissée depuis la naissance du monde peut porter. Je compare volontiers nos Sauvages avec quelques villageois, pour ce que les uns et les autres sont ordinairement sans instruction, encore nos paysans sont-ils avantagés en ce point, et néanmoins je n'ai veu personne jusques ici de ceux qui sont venus en ces contrées qui ne confesse et n'advoue franchement que les Sauvages ont plus d'esprit que nos paysans ordinaires. »

Donc, si on leur donne de l'éducation, si on en fait de bons chrétiens par-dessus le marché, on peut s'attendre à d'excellents résultats.

Et là, il faut bien l'avouer, les Jésuites ne se sont pas trompés et se sont même montrés en avance sur leur époque car, aujourd'hui encore, pour tous ceux qui s'intéressent à la cause indienne, il est évident que seule l'éducation, une éducation poussée dans les domaines de la connaissance et du savoir, peut leur permettre de s'affranchir de tous les obstacles et embûches qui les entravent encore. Et il veut rendre l'éducation ouverte non seulement aux garçons mais aux filles aussi. Donc, le Père Lejeune, ni raciste ni sexiste, peut et veut croire en leur survie. À condition, toutefois, d'éloigner les enfants de leurs parents, car « … ces Barbares ne peuvent supporter qu'on chastie leurs enfants, non pas mesme de paroles, ne pouvant rien refuser à un enfant qui pleure, si bien qu'à la moindre fantaisie ils nous les enlèveroient devant qu'ils fussent instruicts…

Donc, et comme chacun sait, les enfants ne demanderaient qu'à retourner à leurs parents et la mission du Père Lejeune s'en trouverait compromise, lui qui ne cherche en ce pays éloigné que "la conversion de ces peuples". »

Mais à cette étape-ci de ma relation, je voudrais entendre une autre voix, voix de femme, celle de George Sand.

Grâce à mon amie Jeanne, je retrouve les deux lettres de George Sand : « Relation d'un voyage chez les Sauvages de Paris » éditées en 1865, mais écrites beaucoup plus tôt. Car, avant de « prendre terre chez les Peaux-rouges de l'Amérique du Nord », George Sand a bien balisé son parcours. Sa lettre du 31 mai 1845 à

Alexandre Vattemare en fait foi où elle lui exprime ses remerciements pour son invitation à voir la collection et le musée de M. Catlin. Et elle insiste sur sa timidité — mais aussi sur son désir de revoir ces Indiens qui l'ont «vivement frappée par le luxe et l'étrangeté de leurs costumes, par la beauté de leur race, par les contrastes de leur physionomie douce et affectueuse, et tout à coup énergique et même féroce dans la danse mimique...

... C'est parce que je trouve dans leurs traits un rare cachet d'intelligence et de droiture, que cela m'intéresse. Je ne suis pas journaliste ni faiseur de réclames. J'ai besoin d'un côté sérieux pour écrire, mais si je pouvais voir clair dans ce côté sérieux, j'écrirais avec plaisir quelque feuilleton qui pourrait être utile à Mr Catlin... et je serais bien aise aussi de savoir quelle espèce de petits présents seraient agréables à ses Indiens pour les disposer à la confiance... »

Donc, avant de se lancer à la découverte des Indiens, George Sand prend bien soin de préparer son entrevue et ces cadeaux, ces offrandes qui doivent lui permettre d'entamer avec eux un dialogue fructueux. Dans la première lettre à un ami, elle écrit :

«Après avoir consacré la matinée à faire une pacotille de drap écarlate, de plumes d'autruche peintes des couleurs les plus tranchantes, et de verroteries bariolées, je rassemblai ma famille et partis avec elle vers midi... »

Et pour cette rencontre, George Sand est persuadée que «les yeux nous en apprennent encore plus que l'imagination», et dieu sait qu'elle n'en manque pas et que ses yeux, effectivement, savent s'emparer de chaque

détail pour rendre tout ce qu'elle a observé avec préci-
sion. Donc, George Sand ne se présente pas comme
journaliste et éprouve même le scrupule de venir observer ces hommes — comme à la foire...

... « Nos idées répugnent à cette exploitation de
l'homme, et le premier mouvement du public parisien a
été de s'indigner qu'un roi et sa cour, exécutant leurs
danses sacrées, nous fussent exhibés sur des tréteaux
pour la somme de 2 francs par tête de spectateur.

Quelques-uns révoquent en doute le caractère
illustre de ces curiosités vivantes exposées à nos regards ;
d'autres pensent qu'on les trompe, et qu'ils ne se rendent
pas compte du préjugé dégradant attaché parmi nous à
leur rôle ; car les explications nécessaires qui accom-
pagnent leur exhibition lui donnent, en apparence,
quelque analogie avec celle des animaux sauvages ou
des figures de cire. »

En la lisant, il me semble, tout à coup, découvrir
une des raisons qui m'a jusqu'à présent toujours
empêchée de me rendre dans l'une ou l'autre des réserves
proches de Montréal. Car j'éprouvais, moi aussi, une
sorte de malaise à pénétrer en curieuse en ce seul territoire qui leur soit désormais propre. Cet été, pourtant,
avec une de mes amies, Élisabeth, nous nous sommes
rendues à la réserve d'Oka, car il y avait une fête, une fête
ouverte à tous et où le public était bienvenu. C'était un
beau dimanche de juillet, il y avait du soleil, et plein de
monde venu d'un peu partout. Beaucoup d'Indiens
surtout, car c'était eux qui nous recevaient. Il y avait des
kiosques avec toutes sortes d'objets d'artisanat et de quoi

se régaler aussi. Des brochettes, des pains savoureux. À l'entrée, il était bien indiqué qu'on ne servait ni alcool ni vin et que l'usage de toute drogue, fumable ou non, était strictement interdit.

Les enfants s'en donnaient à cœur joie — joyeux et en santé. Ils dansaient à en perdre le souffle, ne donnant leur place à personne, pendant que les tambours résonnaient et enchaînaient sans se lasser un air entraînant après l'autre. Et puis, un très beau et grand monsieur, avec déjà un enfant sur les épaules, est venu gentiment m'inviter à danser. Et comme j'étais plutôt éberluée, il a insisté et j'ai donc fait mon tour de piste, une très large piste d'herbe, à son bras. Il y avait là une atmosphère de grande gentillesse. Le public était étonnant, dans sa diversité.

Oui, c'était une belle journée, un beau dimanche de juillet et on retrouvait un rassurant mélange de jeunes et de vieux venus s'amuser au grand air. En fait, il n'y avait pas de très vieilles personnes — ni beaucoup de jeunes gens non plus. On sentait plutôt que tous ces gens rassemblés avaient déjà beaucoup milité dans les belles années du militantisme. Donc, ni vieux ni riches, mais bien-pensants certainement. Ne ratant pas une danse, il y avait une étonnante fille blonde, d'une maigreur effrayante et qui semblait une miraculée de *Crash*, équipée de béquilles et de prothèses en tout genre. Il y avait certainement aussi le « mafioso » de service, son cellulaire collé à l'oreille et qui semblait le père d'une ravissante enfant, blonde et bouclée, dans une tenue de daim ocre, mocassins assortis, dansant avec frénésie pendant que les tambours se faisaient de plus en plus obsédants.

Il y avait aussi beaucoup de costumes indiens, parfois très beaux et portés avec fierté par les hommes mais par les femmes aussi. Mais je comprenais la timidité de George Sand à les interroger. Je réussis quand même à m'adresser à un Indien qui portait une impressionnante brochette de décorations et lui demandai où il avait réussi à mériter une telle profusion de médailles.

« Mais en Corée, bien sûr. » Et il me les détailla. Je compris alors que les Indiens étaient toujours bienvenus quand il y avait la guerre. Oui, ils étaient bienvenus alors, on acceptait leur proximité dans les jeux de la guerre, on leur faisait place sans plus aucune discrimination. La communauté des hommes, des vrais, ceux qui ne craignent pas de tuer ou de se faire tuer est alors accueillante et n'exerce pas de discrimination. Je me rappelai d'une nouvelle de Norman Mailer, datée d'octobre 1942, et intitulée « A Calculus at Heaven », où l'Indien, Rice, participe à la guerre contre les Japonais. Oui, il faut la guerre pour que des hommes sans emploi puissent retrouver un rôle à leur mesure. Alors, sans doute, on ne demande pas mieux que de les intégrer.

Mais je retourne à George Sand qui, elle, me semble — de par ses propres croyances — avoir pu être le « truchement » idéal entre « les Sauvages de Paris » et nous. Tout la prédispose à jouer ce rôle. Sa sensibilité, ses idées, sa capacité à éprouver de l'empathie et, surtout, surtout sa propre naïveté de « bon public », d'excellent public même, capable de ressentir toute la gamme des émotions, de la terreur à la pitié. Car George Sand feint de s'effrayer des danses de guerre, danses du scalp, et n'hésite pas non plus à se montrer telle qu'elle est, en réalité, une conteuse qui se plaît à relater toutes les mésaventures de ses Indiens Ioways. Chacun son tour ; et chacun, d'ailleurs, a reçu d'elle un vrai présent. Et elle les regarde avec la même attention qu'elle déployait, enfant, pour jauger et juger les vieilles amies de sa grand-mère : « "La Pluie qui marche" est un homme de cinquante-six ans, d'une très haute taille, et d'une gravité majestueuse. Il ne sourit jamais en pérorant, et, tandis que la physionomie douloureuse du "Nuage Blanc" fait quelquefois cet effort par générosité, celle du vieillard reste toujours impassible et réfléchie. Sa face est large et accentuée, mais n'offre aucune autre différence de lignes avec la nôtre que le renflement des muscles du cou, au-dessous de l'angle de la mâchoire. Ce trait distinctif de la race lui donne un air de famille avec la race féline.

Ce trait disparaît même presque entièrement chez "le docteur", qui est agréable et fin, suivant toutes nos idées sur la physiognomie. Quoiqu'il ait soixante ans, ses bras sont encore d'une rondeur et d'une beauté dignes de la statuaire grecque, et son buste est le mieux modelé de tous. Son agilité et son entrain à la danse attestent une organisation d'élite. Une si verte vieillesse donne quelque regret de n'être pas sauvage, et, lorsque, parmi les spectateurs, on voit tant d'êtres plus jeunes, goutteux ou obèses, on se demande quels sont ceux qu'on montre, des sauvages de Paris ou de ceux du Missouri, comme objets d'étonnement. »

Voilà le parallèle établi, une fois de plus, et il semble bien que pour George Sand aussi, la cause soit déjà entendue. D'autant plus que quelques paragraphes plus loin, elle tient à citer ce témoignage d'« un voyageur qui connaît et comprend l'Amérique » :

« J'ai vu, là-bas, cent exemples de gens civilisés qui se sont faits sauvages ; je n'en ai pas vu un seul du contraire. Cette vie libre de soucis, de prévoyance et de travail, excitée seulement par les enivrantes émotions de la chasse et de la guerre, est si attrayante, qu'elle tente tous les Blancs lorsqu'ils la contemplent de près et sans prévention. C'est, après tout, la vie de la nature et tout ce qu'on a inventé pour satisfaire les besoins n'a servi qu'à les compliquer et les changer en souffrances. Souvent on accueille de jeunes Indiens aux États-Unis et on leur donne notre éducation. Ils la reçoivent fort bien ; leur intelligence est rapide et pénétrante ; on en peut faire bientôt des avocats et des médecins. Mais au moment de prendre une profession et d'accepter des liens avec notre société, si par hasard, ils vont consulter et embrasser leurs parents sous le wigwam, s'ils respirent l'air libre de la "prairie", s'ils sentent passer le fumet du bison, ou s'ils aperçoivent la trace du mocassin de la tribu ennemie, adieu la civilisation et tous ses avantages ! Le sauvage retrouve ses jambes agiles, son œil de lynx, son cœur belliqueux. C'est la fable du loup et du chien. »

Donc, on en revient toujours à La Fontaine ! Le loup et le chien, certes, voilà une fable toujours d'actualité. Mais les Indiens d'aujourd'hui ne risquent guère de retrouver le wigwam de leurs pères ni aucune trace de mocassin sur les mauvaises routes qui conduisent à leurs « terres ancestrales ». Dans leurs réserves, ce sont de pauvres maisons préfabriquées qui les abritent et le bison a depuis longtemps disparu de leurs terrains de chasse.

Jean-Pierre Masse vient tout juste de me donner, sur cassette, le long métrage de fiction intitulé *L'Autre Amérique* qu'il a tourné dans la réserve Manawan. Avec lui, on pénètre d'abord, par une longue route de gravier de cent kilomètres, à l'intérieur du village. C'est là que nous allons faire connaissance avec quelques-uns des Amérindiens Atikamekw qui ont accepté de se laisser filmer. Et là, on retrouve ce que l'on pouvait s'attendre à trouver : c'est-à-dire de l'alcool et de la drogue — ou plutôt des bouteilles de bière vides et des enfants qui s'amusent à renifler de l'essence. Et une impression de tristesse et de fierté aussi. Car certaines des femmes sont belles et chaleureuses et, surtout, surtout, il y a plein d'enfants, de tous âges. Comme si les Atikamekw qui « il y a cinquante ans à peine, étaient des nomades de tradition orale », avaient compris — comme les Anciens Canadiens — que leur survie devait passer par la « revanche des berceaux ».

« La revanche des berceaux », voilà ce que je me résigne à écrire. Est-ce possible que seule cette solution puisse s'offrir à nos Indiens ? Mais évidemment, ce retour aux origines qu'ils semblent réclamer, ne peut apporter que des réponses rétrogrades. Le passé est passé et rien ne peut faire qu'il n'ait pas eu lieu. Les Indiens régnaient sur toutes les Amériques, du nord au sud, et puis des hordes de Blancs, en nombre, en très grand nombre sont venues. Ces Blancs ont tout détruit, massacré et se sont approprié les terres, les forêts, les eaux, les lacs, les sources, les océans aussi. Espagnols, Portugais, Hollandais, Français et Anglais.

Cela s'est passé voilà des siècles, et le temps a fait son œuvre. Je ne suis pas historienne — et je suis contente de ne pas l'être. Non, je ne voudrais pas être historienne, car l'Histoire me tue. J'ai horreur, le plus souvent, de tout ce qu'elle m'apprend.

Aujourd'hui, tous les peuples qui furent brimés par elle, tous les enfants — de Duplessis ou de — vous choisirez les noms — se pressent au tribunal de l'Histoire et réclament des dommages et intérêts — comme si une poignée de dollars pouvait encore arranger les choses.

J'ai même reçu il y a quelques mois, du gouvernement autrichien, une offre de réparation des dommages subis. Je l'ai roulée en boule et jetée. Que réclame-t-on pour cela qui n'eut pas de nom ? Personnellement, j'estime — et depuis longtemps — qu'aucune « réparation » n'est utile. Le temps fait son œuvre, la mort ne s'achète pas. Trente deniers peut-être ? Vous voulez rire.

Je suis contente de ne pas être historienne mais, l'âge venant, je m'intéresse de plus en plus à l'histoire. Ainsi, le dimanche soir, je regarde sur TV5 les entretiens que François Mitterand, peu avant sa mort, a accordés à Jean-Pierre Elkabach — et où il se révèle un maître dans le jeu du chat et de la souris. Hier justement, il affirmait que, passé un certain temps, il fallait non pas oublier, mais renoncer à la vengeance. Je le crois aussi. Je ne veux pas oublier — ni pardonner, ni même comprendre —, mais je renonce à l'idée même qu'on puisse retracer les coupables. Car dès qu'on cherche des coupables, on s'aperçoit que personne n'est vraiment innocent.

Et comme j'essaie de bien faire mon boulot en ce moment, j'ai aussi regardé, à Radio-Canada, la grande série, qui a coûté des millions paraît-il, *Le Canada : une histoire populaire*. Rien ne peut être aussi ennuyeux que cette série et je doute qu'elle soit populaire. Mais enfin, moi qui suis ignorante, honteusement, j'essaie d'attraper par-ci par-là quelques bribes de cette histoire qui est aussi devenue la mienne — même si je l'ignore encore presque totalement. Et il y a toujours à glaner sur les champs de Booz. Ainsi, hier, j'ai appris des choses sur la Colombie-Britannique que j'ignorais.

Ainsi, dans les années trente, les Chinois de Vancouver eurent aussi leur Nuit de Cristal. Et le gouvernement fédéral exigea des sommes de plus en plus importantes pour leur permettre d'émigrer au Canada. De cinquante dollars au début jusqu'à cinq cents. Et puis, après les Chinois, il y eut les Japonais... Évidemment, il y a déjà eu des écrivains pour nous alerter, de très grands écrivains — et je repense aux nouvelles de Gabrielle Roy, entre autres une qui nous faisait revivre toute l'odyssée de ce petit Chinois, dans ce « Jardin au bout du monde ». Oui, Gabrielle Roy avait « vu » depuis longtemps toutes les histoires qui avaient été vécues un peu partout dans le monde, pour finir par se réfugier là, dans les immenses plaines du Manitoba. Chacun pour soi et Dieu pour tous. L'histoire ne se répète pas — elle ne bégaie pas non plus —, elle se transforme et nous revient, toujours plus insupportable à déchiffrer. Car à quoi bon réclamer, encore et toujours, justice et réparation, quand il n'y a pas de journée où l'un ou l'autre des peuples de la terre ne ressort pas tout l'arsenal des engins meurtriers. Et je ne parle même pas du Moyen-Orient. Au fil des années, on a tenté de se blinder contre toutes les tentations d'intervenir. Non, je ne parle pas d'Israël ni de la Palestine, je ne parle pas des Talibans, mais je fais référence, au cœur même de l'Irlande, à cette ahurissante rentrée des classes où des petits enfants blonds et bouclés, catholiques de Belfast, ont dû marcher, escortés par leurs parents — eux-mêmes entourés de policiers casqués et bottés — injuriés par les protestants de la ville. 2001, et on est toujours au moyen-âge; 2001, et on assiste à un autre soubresaut de la vieille haine de la guerre des religions. On aurait pu croire que ce n'était plus possible — et pour une fois les femmes avaient fait la paix entre elles et essayé d'apporter une trêve, tenté de faire s'envoler une colombe de paix.

Les colombes de paix sont descendues et abattues comme de vulgaires pigeons.

Je suis contente de ne pas être historienne. Je serais bien incapable de comprendre ces luttes éternelles. Non, je ne peux pas comprendre le monde dans lequel je vis. Je pourrais tout juste agiter un petit drapeau blanc et jurer que je ne veux prendre aucune part à ces luttes fratricides.

Et les luttes furent toujours fratricides. Remontons à la création du monde. Voilà Adam et Ève, chassés du Paradis. « L'homme connut Ève sa femme, elle conçut et enfanta Caïn, elle dit : « J'ai acquis un homme grâce à Iahvé. Elle enfanta ensuite son frère Abel. » Et on connaît la suite.

Les luttes sont toujours fratricides. Seul celui qui nous est proche nous fait de l'ombre. Lui seul nous écrase et nous empêche de respirer. Mais Dieu, lui aussi, semble incohérent. Dès qu'il a conçu l'homme et lui a donné une compagne, il semble regretter son geste et se lamente : « Iahvé vit que la malice de l'homme sur la terre était grande et que tout l'objet des pensées de son cœur n'était toujours que le mal. Iahvé se repentit d'avoir fait l'homme sur la terre et il s'irrita en son cœur. »

Alors, bien sûr, il inventa le Déluge.

« ... Mais Noé trouva grâce aux yeux de Iahvé ».

Donc Noé se réfugiera dans l'Arche, lui sa femme, ses enfants et toute leur famille, et tous les animaux, deux par deux. Et tout le reste sera noyé comme une portée de petits chats dont nul ne veut, même pas la SPA. Lui sera sauvé, Noé, comme le fut Loth, peu après, puis Job. Toujours Dieu accorde sa faveur, puis la retire.

Devant quelle Arche, donc, pourrai-je agiter mon drapeau blanc? Moi non plus, je ne fais pas confiance aux hommes — si peu de bonne volonté chez eux, si peu de vraie bienveillance. Comme ils sont longs à s'émouvoir. Des siècles et des siècles de guerre, d'extermination, et puis soudain, le vent se lève, «il faut tenter de vivre», alors on murmure des paroles d'excuse. Cela me fait mal de voir ainsi, un peu partout, ces fausses repentances, ces hypocrites repentirs. Mais quand tous les Abel de la terre auront été massacrés par leurs frères, que fera Dieu? «Dieu est partout», on l'enseignait aux petits enfants d'autrefois.

Dans le monde de Hugo, on s'imagine que «l'œil était dans la tombe et regardait Caïn».

Et dans le mien, que cherche-t-on à croire?

Tout simplement, on cherche à croire que les hommes et les femmes de bonne volonté sont plus nombreux qu'on ne veut bien l'admettre.

À nous, donc, de croire en eux, et de les pousser à accomplir ce travail, ce rude travail. Toujours essayer de départager le vrai du faux, le possible de l'impossible. Mais la réalité est souvent si décevante. Même si on retourne à l'histoire du petit Moïse «tiré des eaux» par la fille de Pharaon, on s'aperçoit que lui aussi souffre de ne pas pouvoir parler. Moïse dit à Iahvé: «De grâce mon seigneur, je ne suis pas beau parleur, ni d'hier ni d'avant-hier, ni même depuis que tu parles à ton serviteur, car j'ai la bouche lourde et la langue lourde!»

C'est Aaron, son frère, qui devra donc être son interprète ou son «truchement», comme on aurait dit au temps des Indiens et des missionnaires. Donc, Moïse n'était pas doté du don d'éloquence alors que nos Indiens — tous en conviennent — le possédaient.

Le jour du 4 août 2001, alors qu'on célébrait, dans le vieux Montréal, la Grande Paix de 1701, j'ai écouté, du matin au soir, les discours que nous transmettait la télé. Tout le monde a parlé, longuement, en anglais, en français. Quand ce fut le tour du représentant des autochtones, il parla longuement, à son tour, dans sa langue. Inutile de dire que je n'ai rien compris. Et puis, s'adressant à la foule — en français cette fois et avec un beau sourire —, il annonça : « Ce que je vous ai dit, depuis quelques minutes, pourrait se résumer à : "Je vous souhaite un bon après-midi". »

Dans le film de Jean-Pierre Masse aussi, les Atikamekw s'expriment soit en français, soit dans leur propre langue. Et il ne nous fournit ni traduction ni sous-titre. Par contre, on s'aperçoit vite que les Amérindiens de la réserve savent désormais lire et écrire. Ils sont même capables de fournir de volumineux dossiers aux agents du gouvernement fédéral pour tenter d'obtenir des subventions qui leur permettraient de travailler dans la réserve, en utilisant leur savoir ancestral — et ainsi de construire d'authentiques canots en écorce de bouleau. On sent très bien, très vite, qu'ils ont peu de chance de l'obtenir, cette aide.

Et quand on sort du film, par la même petite route de terre qui nous a amenés au cœur de la réserve, on ne sait plus, non plus, ce que l'on pense vraiment. Que faut-il sauver, qui faut-il sauver ? La langue ? La foi ? Les enfants qui ne demandent qu'à jouer et à être heureux ? Jean-Pierre Masse prend soin de nous avertir :

« L'atikamekw n'est plus parlé que par cinq mille personnes. » Est-ce assez ? Combien faut-il de croyants pour former une Église ? Désormais, je sais que tout est une question de chiffres, de nombres. Hier, au télé-journal, j'ai appris que désormais les enfants de l'Île de Beauté peuvent apprendre gratuitement le corse à l'école. Combien sont-ils donc ?

Et les petits Bretons, depuis quelque temps déjà, apprennent la langue de leurs ancêtres.

Les petits enfants des Inuits parlent aussi leur langue au plus creux de leur igloo, l'hiver.

L'atikamekw n'est plus parlé que par cinq mille personnes ? Quelle conclusion tirer de ce chiffre, de ce nombre ? Tout est une question de nombre, il faut croire. Cela seul, dans le long terme, finit par imposer une évidence. Mais nous ne sommes plus dans le domaine de la vraisemblance, nous ne sommes plus au royaume de la « possession tranquille de la vérité ». Ce qui était vrai hier, risque fort d'être un affreux mensonge aujourd'hui. Donc, cinq mille personnes parlent encore l'atikamekw aujourd'hui. Comment se mobiliser pour essayer d'empêcher sa destruction ? Je me pose, aujourd'hui sans doute bien plus qu'hier, la question de ma mobilisation, de mon attachement pour toutes ces langues du monde qui vont peut-être disparaître. Et de mon propre passé, je me rappelle que moi aussi, ma propre langue maternelle je l'ai volontairement perdue. Mes premiers mots d'enfant, à deux, à trois, à quatre ans, ont été prononcés en allemand. Et singulièrement, ma mère connut semblable reniement. À peu près au même âge, je me suis retrouvée à Paris, comme elle vingt ans auparavant. Et j'ai délibérément effacé toute trace de la langue première, de cette langue qui risquait de m'attirer des coups et de la haine. Les enfants savent qu'ils sont fragiles et vulnérables, qu'on peut les tuer d'une chiquenaude. Les enfants ont toujours peur dans leur âme profonde. Comme s'ils savaient, intuitivement, que leur fontanelle n'est pas tout à fait refermée. Et alors, ils se protègent. Comment se protéger ? L'art du caméléon n'existe pas que dans l'ordre animal. Nous autres, petits humains, nous le possédons d'instinct. Ma mère parlait un français très pur, Nathalie Sarraute aussi. Moi aussi, je n'avais pas d'accent « étranger » en parlant. Mais ma grand-mère, elle, pouvait toujours se faire « repérer ». Ce n'est pas un hasard, sans doute, si le père de Bernard Assiniwi avait choisi un pseudonyme canadien-français. Oui, nous sommes tous là, encore et toujours, à essayer de trier nos trésors perdus.

Quand on veut se sauver, qui faut-il sauver ?

Tous les jours, la question pourrait se poser. Et sans doute que nous ne répondrions pas toujours de la même façon.

Comme tout est fragile aujourd'hui. Cinq mille Amérindiens parlent encore, dans leur réserve, la langue de leurs ancêtres. Que faut-il faire ?

Que sauver ? Qui sauver ? La langue ? La foi ? L'art ?

À quoi tenons-nous vraiment, du fond de notre cœur ?

Où va notre allégeance la plus sincère ?

Qui est notre frère de sang, notre frère d'armes ?

En même temps que son film sur l'autre Amérique, Jean-Pierre Masse m'a apporté une photocopie d'un article du *Devoir*, écrit par Denis Vaugeois, historien, et intitulé « Le métissage et la cohabitation ».

Et nous voilà encore une fois au cœur du drame autochtone. C'est avec des chiffres que l'historien va tenter de nous faire comprendre ce qui s'est passé au cours des siècles.

Je le cite : « Dès le début du XVIIᵉ siècle, deux métropoles européennes se sont affrontées en Amérique du Nord. Les Anglais sont venus en grand nombre, très souvent avec des familles et animés du désir de s'établir, c'est-à-dire d'occuper la terre.

L'immigration française, pour sa part, se faisait au compte-gouttes. Pendant le siècle et demi qu'a duré la colonisation française, il est venu quelque 30 000 personnes, dont le tiers sont restées en Amérique, c'est-à-dire quelque 10 000 hommes et 1 000 femmes. »

Donc, pendant un siècle et demi on n'a pu compter que 11 000 créatures pour assurer la survivance de la Nouvelle-France. Il est facile, alors, de compter, même sur ses doigts, que cela ne représente que le double de la population qui parle encore atikamekw dans la réserve Manawan.

Et je cite, toujours dans le même article : … « La rencontre avec l'Indien ou l'Indienne se fit dans ce contexte. Pour inspirer confiance à ces partenaires indiens, les Français, bientôt des Canadiens, ne pouvaient faire mieux que de prendre une femme indienne. Provisoirement ou de façon permanente. C'est selon. Conséquence : les Indiens ont été largement métissés au contact des Français et les Français également, dans une mesure difficile à établir. Il est arrivé souvent que des coureurs de bois ramènent un "enfant de la traite". Deux Trifluviens célèbres sont des descendants de la traite : Maurice Duplessis, l'ancien premier ministre du Québec, et Mgr Louis-François Laflèche, le célèbre évêque de Trois-Rivières. »

Voilà donc qui pourra réconforter tous les néo-Québécois qui se plaignent souvent des préjugés des « Québécois de souche ». La souche est profonde, comme la rivière de la chanson.

Quant à Maurice Duplessis, il aurait déclaré, en éclatant de rire, « avoir une grand-mère écossaise et une ancêtre indienne, c'est parfait pour un premier ministre du Québec ».

Et ce qui est parfait pour un premier ministre l'est sans doute tout autant pour les citoyens ordinaires.

Mais de nos jours, les citoyens ordinaires sont de plus en plus difficiles à trouver.

Donc, que dirons-nous à nos Indiens — si nous en trouvons sur notre route, ce qui demeure de plus en plus aléatoire : « Croissez et multipliez-vous » comme dans la Bible ? Ou bien faudrait-il que tous — non seulement eux, mais nous aussi —, nous choisissions de nous métisser toujours davantage? Non seulement une grand-mère, mais deux.

L'autre jour, toujours dans la série historique de Radio-Canada, on racontait l'histoire de Louis Riel et de la révolte des Métis. Un autre épisode cruel et sanglant de l'histoire. Et j'ai été étonnée d'apprendre que, désespérément, Riel avait fait appel à ses frères indiens pour l'aider dans sa lutte. Mais qu'ils n'avaient pas choisi de se joindre à lui. Et j'ai retrouvé ces paroles dans le roman de Jean-Jules Richard, *Louis Riel Exovide* : « Quand bien même tous les chiens de la province de Québec et tous les coyotes de la Prairie aboyeraient ensemble pour implorer le pardon de Riel, Louis doit être pendu. »

Et il le sera malgré toutes les protestations venues d'Europe, de France, des États-Unis et du Canada.

Le roman de Jean-Jules Richard a été publié en 1972, mais sa première œuvre, un des plus grands romans sur la Deuxième Guerre, *Neuf jours de haine*, constitue encore pour moi une œuvre importante — qui fut publiée en 1948. Donc, si on cherche, on trouve que les faits de guerre ont toujours, déjà, été ressentis, commentés, analysés. Fragile réseau d'alliances, fragiles traités de paix. On vient tout juste de célébrer la Grande Paix de Montréal, qu'une autre guerre se profile.

L'histoire est toujours à refaire, à réinventer. Dans un film de Jacques Godbout, *Le Sort de l'Amérique*, on voyait déjà que les Indiens et les Canadiens avaient inventé une autre façon de combattre — je dirais plus intelligente et efficace que celle de leurs opposants.

On retrouve ceci dans l'article de Denis Vaugeois :
« Bougainville, alors aide de camp de Montcalm, le
commandant en chef des troupes françaises, n'a pas
manqué de souligner l'indiscipline, pour ne pas dire
l'insubordination des miliciens canadiens. Il n'en
reconnaît pas moins leur bravoure : "Leur genre de
courage, ainsi que les Sauvages, est de s'exposer peu, de
faire des embuscades". Petite guerre, escarmouches, raids
surprises font leurs effets. Les Anglais disent que les
Canadiens sont plus cruels que les Sauvages mêmes. »

Pas étonnant que Français et Indiens soient étroi-
tement associés dans l'esprit des Anglo-Américains.
L'ennemi est vraiment « French and Indian ». D'autant
plus que c'est « l'affection qu'ils [les Indiens] nous
portent qui jusqu'à présent a conservé le Canada »,
ajoute Bougainville.

Chez les Anglo-Américains, quelques-uns ont compris que les Français tiraient leur puissance de ces alliances.

Il s'agira donc de les rompre.

Pendant ce temps, les manuels d'histoire simpli-
fieront les choses à l'extrême. Mes amies canadiennes
m'ont toujours mentionné que dans leurs histoires,
après le petit catéchisme, il y avait eu les histoires
« d'autrefois » parlant abondamment du « bon et fidèle
Huron » et du « perfide Iroquois »…

Quant à moi, je me jure bien de n'aborder les
manuels, qu'ils soient de littérature ou d'histoire,
qu'avec des « ruses de Sioux ».

D'ailleurs, Denis Vaugeois conclut son article en
ces termes : « Traditionnellement, les historiens ont

longuement étudié les conséquences de la Conquête pour les Français et les Canadiens [français] : ils commencent tout juste à examiner le sort qui attendait les Indiens, les autres grands perdants de 1760. »

Est-ce que ce constat d'échec, toujours passé sous silence, aurait pu influer sur l'obscur et souterrain ressentiment que bien des Québécois éprouvent à l'égard des autochtones ?

Car bien souvent, quand j'ai essayé de me documenter sur les Indiens, les réserves, l'assimilation et autres sujets douloureux, je n'ai rencontré que de l'incompréhension, quand ce n'était pas une volonté de ne rien voir, entendre, comprendre.

J'ai fait face au silence, mais aussi, à une sorte de fureur envers ces « profiteurs » qui ne payaient pas d'impôts, mais recevaient des subventions de toutes sortes, ces hommes ivrognes ou diabétiques, gros, gras, paresseux et brutaux.

Où étaient les « beaux Indiens » de nos livres d'enfants, valeureux, ornés de plumes et de diadèmes de perles ?

« Mais où sont les neiges d'antan ? »

La neige, elle, n'a jamais cessé de tomber recouvrant les traces d'autrefois, à tout jamais.

« Ah ! comme la neige a neigé ! »

Pendant les siècles des siècles, elle a su tout effacer. Et pourtant, rien ne s'efface à jamais. Chaque jour, sans que je le cherche vraiment, je tombe, par un curieux et riche hasard, sur de nouvelles histoires que je croyais mortes depuis longtemps, mortes et enterrées, sans autre forme de procès.

Mais il y a toujours des empêcheurs de danser en rond, des chercheurs et des « trouveurs » qui s'entêtent à fouiller dans toutes les caves et grottes du monde. Et ils en ressortent, triomphants, avec d'énormes livres qui sont annoncés dans les suppléments littéraires. « Juifs cachés du Nouveau Monde » est le titre de cet article du *Monde* du 24 septembre 2001 consacré au livre *Labyrinthes marranes* de Nathan Wachtel. Et je me souvins alors d'un minuscule fascicule gris, que j'avais retrouvé dans les mouchoirs en dentelles de ma mère. Pourquoi avait-elle gardé cela, précieusement, cette brochure signée par Lucien Wolf et éditée à Paris en 1926 ? Au moment de sa mort (et cela vient de faire vingt ans), je l'avais lue — et puis rangée soigneusement.

Le titre de cette conférence était : « Les Marranes ou crypto-juifs du Portugal ». Publiée en 1926 (soit un an avant ma naissance) par l'Alliance israélite universelle. Donc, ma mère avait dû être curieuse, elle aussi, de ses origines. Avec son père, quelques années avant, elle était allée en Turquie. Sa mère à lui, « la petite grand-mère », née à Constantinople, était complètement analphabète. Et je n'en sais guère, plus car ma mère ne se livrait pas volontiers au devoir de mémoire. Donc, je retourne au *Monde* d'aujourd'hui qui nous apprend : « À la fin du XVe siècle, nombre de juifs espagnols et portugais, convertis de force, trouvèrent refuge au Brésil, au Mexique, ou au Pérou. Pour un temps seulement, puisque l'Inquisition les rattrapa. »

Or l'Inquisition nous rattrape tous, un jour ou l'autre. Elle m'a aussi rejointe, en 1940-41. De par mon baptême, suis-je devenue marrane à mon tour ? Je n'oserais l'affirmer puisque dans aucun de mes dictionnaires d'aujourd'hui je n'en retrouve trace. Seule ma vieille encyclopédie Quillet indique : « Marrane, n.m. Individu d'une population formée de juifs convertis, de Maures chassés d'Espagne, [...], qui formaient une caste méprisée, dans le bassin occidental de la Méditerranée. » Me voilà donc d'une caste méprisée... Mais qu'en est-il au Nouveau Monde ?

Donc, les juifs partis d'Espagne et du Portugal pour fuir l'Inquisition, furent vite rattrapés par elle. Comme on l'indique dans cet article de Nicole Lapierre paru dans *Le Monde* : « L'acharnement des juges était d'autant plus implacable qu'il était enté sur une absolue certitude de défendre le bien et le vrai. Forts de cette terrible conviction, tout leur était bon pour démasquer les judaïsants, obtenir aveux, dénonciations et actes de contrition ; la torture comme les débats cléricaux sans fin, les espions, les pressions sur l'entourage, l'organisation systématique, de la délation... Face à une telle menace, l'obstination secrète des marranes paraît d'autant plus émouvante... Répression, syncrétisme, érosion des croyances trois ou quatre siècles plus tard, il ne devait rien en rester. Or voici qu'aujourd'hui dans le nord-est du Brésil, dans des familles chrétiennes, des prohibitions alimentaires ou des habitudes inexpliquées, comme cette bougie allumée pour "les anges" le vendredi, suscitent curiosité et mouvement de retour vers la foi de possibles ancêtres juifs. »

Certes, il y a de quoi rêver. Le labyrinthe marrane demande encore à être exploré.

Et il y a tant et tant de labyrinthes pour tous ceux qui ont dû quitter leurs lieux d'origine. Les Indiens, nos Indiens, ont au moins pu rester sur leur « terre sacrée ». Ils savent — et ont toujours su, sans doute —, ce qui les motivait. Beaucoup ont choisi de se faire baptiser par les robes noires, mais beaucoup, aussi, ont choisi d'y renoncer. Le Père Jean de Brébeuf, qui lui aussi était « enté sur l'absolue conviction de défendre le bien et le vrai », rapporte avec étonnement, dans une lettre de 1636 : « En ce qui concerne les mystères de notre foi, tout à fait nouveaux à leurs oreilles, loin de les contredire, de les tourner en ridicule, de les mépriser, ils les admirent plutôt, les louent, les approuvent et nous mettent bien au-dessus d'eux. Toutefois, leur réponse unique à tous est celle-ci : "Telles sont nos coutumes ; votre monde est différent du nôtre. Le Dieu qui a fait le vôtre — disent-ils — n'a pas produit le nôtre." Enfin leurs mauvaises habitudes les retiennent encore captifs dans les filets de Satan. »

Mais il a au moins la sagesse de conclure sa lettre par cet avertissement : « Entre autres qualités qui doivent briller chez un apôtre de cette mission, la douceur et patience doivent tenir le premier rang. Jamais ce pays ne portera des fruits que dans la douceur et la patience. Et ce n'est ni par la force ni par l'autorité qu'on peut espérer jamais le conquérir. »

Et pourtant, petit à petit, peu à peu, ils sont conquis, parfois par l'éloquence des Pères, d'autres fois pour toutes sortes de raisons mêlées si inextricablement qu'on ne peut, en toute bonne foi, en choisir une plutôt que l'autre. Et le temps passe et fait son œuvre.

« Comment peut-on être Persan ? »

« Comment rester Huron ? »

« La bourse ou la vie », le Paradis ou l'Enfer ?

« Qui choisir ? Que choisir ? »

Dans la préface de Gilles Thérien aux *Écrits en Huronie* de Jean de Brébeuf, on trouve ceci : « La stratégie missionnaire consiste à se rendre dans les cabanes des Hurons et à leur apprendre les rudiments du catéchisme. On s'intéresse surtout aux personnes âgées et aux enfants. Les jésuites ne sont pas pressés de convertir, car ils veulent s'assurer que les nouveaux chrétiens demeureront fidèles à leur nouvelle foi et serviront d'exemples. Aussi n'accordent-ils volontiers le baptême qu'à l'article de la mort. Parallèlement, Brébeuf favorise avec Lejeune l'exploitation d'un séminaire huron à Québec, où les jeunes Indiens pourront venir étudier à la française. Au moment de la création de la Compagnie des Cent-Associés, Richelieu était prêt à octroyer la nationalité française aux Indiens qui se convertiraient. »

En transcrivant cette dernière phrase, je m'imagine rêver. Voilà donc la récompense promise à des Indiens encore analphabètes. Ils pourraient devenir légalement Français. Que leur offrirait-on comme papiers d'identité ? Une carte de séjour ? Un vrai passeport ? Oui, je crois rêver, comme les Hurons le faisaient, tenant leurs songes comme des révélations. Et après tout, la Bible n'est-elle pas remplie de songes prémonitoires ?

Mais pourtant, les jésuites leur interdisent de continuer à essayer de déchiffrer leurs rêves comme ils l'avaient toujours fait auparavant.

Mais si eux-mêmes avaient pu prévoir le futur, auraient-ils osé proposer ce marché qui inaugure vraiment une ère nouvelle, celle où la nationalité ne s'obtient qu'au prix de renoncements inhumains ? Voilà le vrai visage de la colonisation qui ose se révéler.

On plante des âmes et on récolte des citoyens.

Je m'accorde un autre privilège. Je saute sur des siècles, je change d'univers, et j'ose citer Jacques Derrida dans *Le Monolinguisme de l'autre* :

« Une citoyenneté, par essence, ça pousse pas comme ça. C'est pas naturel. Mais son artifice d'une révélation privilégiée, lorsque la citoyenneté s'inscrit dans la mémoire d'une acquisition récente : par exemple la citoyenneté française accordée aux Juifs d'Algérie par le décret Crémieux en 1870. Ou encore dans la mémoire traumatique d'une "dégradation", d'une perte de la citoyenneté : par exemple la perte de la citoyenneté française, pour les mêmes Juifs d'Algérie, moins d'un siècle plus tard.

Tel fut en effet le cas "sous l'occupation", comme on dit. Oui, "comme on dit", car en vérité c'est une légende. L'Algérie n'a jamais été occupée… »

Et le paragraphe suivant indique la profondeur de la blessure que cette trahison — le mot n'est pas trop fort — causa à Jacques Derrida et aux siens.

Et puisque je ne crains pas d'aller à mon rythme, à mon pas, osant les amalgames les plus échevelés (car on les craint fort, de nos jours, et il n'y a pas de reproches assez sévères envers ceux qui s'en rendent coupables), je vais retourner au livre de Suzanne Jacob, paru il y a quelques mois, *Rouge, mère et fils*, roman que j'ai lu plusieurs fois, fascinée et rebutée, et fascinée encore car — ce que le titre laissait présager — je n'arrivais pas à vraiment le cerner. Certes, l'histoire était fascinante, très, trop, mais elle ne se laissait pas facilement déchiffrer.

« Suzanne Jacob est née en Abitibi dans le nord-ouest québécois », lit-on à l'endos du livre. L'histoire se déroule entre Montréal et Québec. Mais c'est presque impossible de suivre la trace des personnages. Certes, ils sont nommés, nom et prénom, et on sait ce qu'ils font pour gagner ou perdre leur vie, mais très vite on s'aperçoit qu'on est devant le plus hallucinant miroir aux alouettes et que la lecture de *Rouge, mère et fils* nous perd à tout coup. Car, en filigrane, c'est toute l'histoire des Indiens qui est répercutée. Mais de façon quasi insidieuse.

Tout est rouge, mère et fils, mais qui est le fils et qui la mère ? Et qui métisse l'autre ? Il y a de quoi en perdre ce Nord que l'on recherche, fils, frère, père toujours manquant, fils éternellement déboussolé. Il y a la peur, et le meurtre, et l'amour, et le désir. Mais encore, et surtout, il y a tous les problèmes d'origine, d'identité, de langue et de foi. Dès le début, pourtant, on devrait se méfier. « Elle, Delphine, dans sa famille, ils ne reconnaissaient pas leurs morts. La raison en était simple : toutes les morts de leurs morts avaient été inutiles ; elles n'avaient servi à rien ; elles étaient survenues trop tard ; ça ne valait plus la peine. Dans sa famille, ils ignoraient à partir de quelle génération ça s'était mis à ne plus compter. Ils agissaient aujourd'hui comme si ça ne comptait plus depuis toujours. Aucun de leurs morts n'était enterré auprès d'un des leurs. Aucun avec les siens non plus. Aucun dans le même cimetière. Aucun là où il était né. Ils étaient dispersés. Éparpillés. Ceux de Saint-Lin avaient été les derniers, au début des années mille neuf cent, à avoir reposé quelques années sous une pierre gravée à leur nom, à l'ombre des mêmes pins gris. Ensuite les archives avaient brûlé ; le village avait changé de nom ; ils avaient fait abattre les pins, fait casser les pierres tombales, fait éventrer la terre, fait déménager les ossements en tas à l'extérieur du village, fait répartir les tas sous des noms de famille sans siècle, sans année, sans prénom : Archambault, Saint-Onge, Mathieu. »

Et voilà déjà la clef d'un des personnages les plus énigmatiques de ce roman, le Trickster, dont on apprendra vers la fin du livre qu'il se nomme — en fait et en loi — Jean Saint-Onge.

Et c'est lui, ce Jean Saint-Onge, qui va interroger Delphine, l'héroïne centrale de ce roman, Delphine, mère de Luc.

« Le Trickster enveloppa Delphine dans ses yeux d'ambre :

— Toi et ton fils, vous avez fait semblant de ne pas vous reconnaître ce matin. Vous utilisez une langue que vous êtes seuls à entendre. Qu'est-ce que tu veux donc épargner à ton fils face à l'étranger que je suis ?

Delphine se ramassa sur elle-même et elle défia le Trickster :

— Qu'aurais-tu fait de mieux si tu avais voulu que ton fils juif soit épargné par les nazis ? Tu aurais appris à ton fils à ne rien reconnaître. Ni père, ni mère, ni les tombes.

— Tu crois vraiment que cette cruelle transmission peut se faire sans haine ? demanda le Trickster de la même voix attentive et prenante, et pourquoi me parles-tu des juifs au lieu de nommer le nom de ta propre tribu ? »

Voilà, l'amalgame est perpétré et on peut peut-être oser penser que les Indiens sont aussi nos marranes. Par moments, je crois vraiment le croire.

D'ailleurs, Luc se porte à la défense de sa mère : «Ma mère nous a déjà dit que la langue avait été enterrée vive dans la bouche des morts. C'est la raison pour laquelle elle ne connaît pas le nom de sa propre tribu. »

Mais qui connaît vraiment le nom de sa propre tribu ? Qui parle sa vraie langue ? C'est avec terreur que je pense parfois que si je fais une attaque de paralysie, je ne pourrai plus articuler un seul mot de français. Que sortira-t-il alors ? Du yiddish ? de l'allemand ? le patois tchèque de la nurse ?

Et nous la perdons tous, sans doute, cette langue, langue secrète des origines.

Ainsi, Delphine s'imagine l'entendre encore :

— J'entends, oui, j'écoute la langue qui m'a guérie il y a très longtemps, dit Delphine.

— Je l'entends aussi, murmura Lorne.

— Ça c'est impossible, coupa Delphine, absolument impossible.

— Oui, chuchota Lorne, c'est si loin, si loin, c'était absolument interdit de s'en souvenir. Une fois, une seule fois, ma grand-mère a été autorisée à m'emmener avec elle chez les siens.

— Je ne te crois pas, ce n'est pas possible, les Anglais ne se sont pas métissés, protesta Delphine.

— My love, dit Lorne doucement, mon grand-père était écossais, ma grand-mère était métisse, tes croyances n'y peuvent rien.

Nos croyances comme nos préjugés n'y peuvent rien.

Lorne a le même héritage que Maurice Duplessis !

On pourrait chanter en chœur : Français, Anglais, et tous les autres, nous partageons le même héritage, nous sommes donc tous frères, tous « enfants d'Ataentsic », comme le conclut Bruce Trigger, dans sa monumentale *Histoire du peuple Huron.*

Mais hélas, même si nos origines sont communes, comme nos idéologies et nos rêves sont différents ! Tout devrait nous rapprocher alors que tout nous sépare et contribue chaque jour davantage à nous éloigner définitivement les uns et les autres. Il n'y a aucune égalité, aucune fraternité et la liberté semble chaque jour s'envoler vers d'autres horizons. Chacun ne veut croire que ce qui l'arrange dans l'immédiat.

Et l'immédiat est semé d'embûches. Et les noms, les surnoms, les lieux mêmes sont eux aussi piégés. Delphine aimait à croire que les Anglais ne se métissaient pas. Il lui faudra donc apprendre d'autres ruses pour rejoindre le monde rouge qu'elle ne fait que hanter et poursuivre maladroitement.

Comment sauver la langue ? Les langues ?

Les jésuites, au moins, ne s'attachaient qu'à sauver les âmes. C'est eux qui cultivaient les langues huronne et montagnaise. Cinq mille personnes parlent encore l'atikamekw. Que faut-il faire ? Sauver leur langue ou les sauver eux ? Et comment ? Est-ce que l'on peut toujours continuer à vivre avec le seul héritage transmis par les ancêtres ? Au prix de quels obscurantismes ?

Ce monde « moderne » dont nous nous targuons, cette soif de Progrès, faut-il les conserver à notre seul usage ? Faudrait-il enseigner à nos Indiens que les « raisins de la colère » sont vraiment trop verts « et seulement bons pour des goujats » ? Serions-nous alors les seuls goujats, rusés comme des renards ? Comment l'affirmer ? Qu'affirmer avec certitude ?

Dans *Le Monolinguisme de l'autre*, Jacques Derrida affirme :

« … Mais que les langues paraissent strictement indénombrables, cela ne les empêche pas toutes de disparaître. Elles sombrent par centaines en ce siècle, chaque jour, et cette perdition ouvre la question d'un autre sauvetage ou d'un autre salut. Pour faire autre chose qu'archiver des idiomes (ce que nous faisons parfois scientifiquement), comment sauver une langue ? Une langue vivante et "sauve" ?

Que penser de cette nouvelle sotériologie ? Est-ce bon ? Au nom de quoi ? Et si, pour sauver des hommes en perdition dans leur langue, pour délivrer les hommes eux-mêmes, exception faite de leur langue, il valait mieux renoncer à celle-ci, renoncer du moins aux meilleures conditions de survie "à tout prix" pour un idiome? Et s'il valait mieux sauver des hommes que leur idiome là où il faudrait hélas choisir? Car nous vivons un temps où parfois la question se pose…»

Certes, la question se pose aujourd'hui, comme elle s'est posée hier, et comme elle se posera certainement demain.

Mais j'apprends avec stupeur que l'usage du futur n'a pas sa place dans les grammaires amérindiennes.

Comment interpréter ce signe? Il faudrait y rêver avec ferveur. Je ne m'en suis évidemment pas privée. J'ai donc rêvé et brodé à loisir sur ce thème qui me paraissait si riche et pouvant se prêter à tant de variations et explications diverses mais toutes attrayantes et riches de sens. Voilà qui expliquerait l'interprétation toujours retrouvée de leur anéantissement inélucable et fatal. Comment un peuple privé de ce mode grammatical du futur aurait-il pu se projeter dans l'avenir et faire de vrais projets? J'aurais pu extrapoler longtemps, mais j'ai quand même tenu à prendre avis chez des amis linguistes avant de rêvasser plus longtemps. Heureusement car, paraît-il, l'existence ou l'absence de mode du futur se trouve dans bien d'autres langues et n'explique en rien ce que je voulais, sans doute, démontrer. Donc, cette particularité de la langue n'explique rien. Il faut sans doute, une autre fois, chercher ailleurs, plus loin, plus profond. En tout cas, les Indiens du temps de Cartier et de tous les autres découvreurs se passionnaient pour leur passé, et ils ont toujours accordé une suprême importance aux rites du deuil et de l'ensevelissement.

Comme ils honoraient leurs morts ! Les descriptions que Jean de Brébeuf nous donne de ces cérémonies, ces festins, ces longs deuils observés avec rigueur, nous rappellent tantôt les pyramides d'Égypte, tantôt les mœurs des paysans de France, avec leur grand et leur petit deuil ; tantôt même, je crois retrouver les croyances des juifs les plus orthodoxes, dans le grand deuil. Jean de Brébeuf nous rapporte que : « Les funérailles faites, le deuil ne cesse pas : la femme le continue toute l'année pour le mari, et le mari pour la femme ; mais le grand deuil proprement dit ne dure que dix jours. Pendant ce temps, ils demeurent couchés sur leurs nattes et enveloppés dans leurs robes, la face contre terre, sans parler ni répondre que "Couay", à ceux qui les viennent visiter. Ils ne se chauffent point, même en hiver ; ils mangent froid ; ils ne vont point aux festins, ne sortent que de nuit pour leurs nécessités ; ils se font couper au derrière de la tête une poignée de cheveux et disent que ce n'est pas sans grande douleur... Voilà pour ce qui est du grand deuil. »

Et je crois me souvenir d'avoir déjà vu un juif pieux, en deuil, ni rasé, ni lavé, avec des vêtements déchirés où il manquait des boutons, et la tête couverte de cendres. C'était en Israël, en 1960.

Mais les juifs, depuis des millénaires, savent lire et écrire et le Livre est leur plus cher héritage. Nos Indiens ne connaissaient pas l'écriture. Voilà sans doute ce qui a contribué à leurs défaites, voilà ce qui les a laissés si démunis, voilà pourquoi ils tenaient tant à leurs «wampuns» où ils inscrivaient les hauts faits de leurs héros. Même si, souvent, les Blancs ne les considéraient que comme de mauvais cultivateurs, eux ont toujours cherché à cultiver leur mémoire. Voilà pourquoi ils honoraient leurs vieillards, porteurs de la mémoire de leur peuple ou de leur tribu. Quand il nous livre son roman, *La Saga des Béothuks*, Bernard Assiniwi entreprend la geste de la dernière tribu de Terre-Neuve, aujourd'hui disparue, les Béothuks, saga qui se déroule sur huit siècles. Tout au long, elle nous est rapportée par des « mémoires vivantes ». Ainsi : « Moi, Wonoaokté, j'ai grandi en devenant la mémoire vivante de mon peuple. Je suis la première femme à devoir se souvenir pour tous les autres. Fille du vieux Doothun, j'ai appris dès mon jeune âge à entraîner ma mémoire pour apprendre le passé et me souvenir du présent, afin que les générations futures sachent de qui elles sont la suite. Le monde est une suite de mondes. La vie est une suite de vies. »

Et le livre se clôt avec la mort de la dernière, le 6 juin 1829, à l'hôpital Saint John's de Terre-Neuve : « Je savais que les Béothuks vivraient toujours, car il y aura toujours des vrais hommes, même s'ils n'ont pas la peau rouge. Avec le peu d'énergie qui me restait, je combattis la mort jusqu'à mon dernier souffle. Avec moi s'éteignait la dernière mémoire vivante des Béothuks. »

Mais, comme pour nous rassurer, Bernard Assiniwi, à la fin de son livre, donne quelques pages du vocabulaire de la langue des Béothuks.

Donc, il nous reste quelques mots de cette langue aujourd'hui morte puisque aucun Béothuk n'a survécu. Dans cette saga, Bernard Assiniwi se montre bon romancier et sa saga pourrait être lue par quiconque veut lire une histoire passionnante. Mais il nous annonce la fin d'une race comme Fenimore Cooper, un siècle avant, avait relaté la mort du *Dernier des Mohicans*.

Il est sans doute symptomatique de voir que les choses changent désormais plus rapidement dans le domaine historique et romanesque. Ainsi Bruce G. Trigger, quinze ans après sa magistrale histoire des Hurons, récidive avec *Les Indiens, la fourrure et les Blancs*. En préface, il nous avertit : « Depuis 1976, les débuts de l'histoire canadienne et la destinée des autochtones ont fait l'objet de recherches qui se sont multipliées à un rythme accéléré. Ces découvertes récentes, en mettant à notre disposition de nouvelles informations soulevaient nombre de problèmes inattendus qui exigeaient à leur tour un réexamen des conclusions auxquelles j'étais parvenu précédemment...

... L'horizon de mes intérêts s'est également élargi pour y inclure non seulement les rapports des autochtones entre eux et avec les Européens qui débarquèrent en Amérique du Nord mais aussi la manière dont ces rapports influencèrent le comportement des Européens entre eux et affectèrent le développement de la colonie de la Nouvelle-France. Il est indiscutable aujourd'hui qu'on ne saurait guère comprendre les rapports mutuels des Européens qui vécurent et travaillèrent en Nouvelle-France sans les situer dans le contexte plus général de leurs rapports avec les Amérindiens.» Bruce Trigger insiste aussi sur le fait qu'aujourd'hui (en 1990), il ne saurait apporter «ni de conclusions fermes ni de réponses définitives».

Car, désormais, tout semble se modifier, se métamorphoser et on ne peut plus porter de jugement catégorique. Il faut sans doute, seulement, avec une grande prudence, s'aventurer sur ces terres encore inconnues et inexplorées.

Nous voilà dix ans plus tard. Moi non plus, je n'ose pas me laisser aller à essayer de formuler l'ombre d'une question ou d'une réponse. Et pourtant, tenace, une petite voix répète, comme dans les mélos italiens d'autrefois : «Demain, il sera trop tard.» Les refrains des mélos d'autrefois ont beau me hanter, je n'y vois pas plus clair. Tout me paraît incompréhensible et surtout insoluble. Comment régler jamais les crimes d'autrefois, les vieilles dettes de sang et d'honneur? Surtout, il ne faut pas préparer le terrain où pourrait germer le limon fertile pour de nouvelles moissons de repentance. C'est dans l'instant qu'il faut prendre les bonnes et justes décisions. Ne remettons plus à demain ce que nous pourrions régler aujourd'hui. Mais que régler? De quel droit pouvons-nous, de l'extérieur, décider ce qui est mieux, ce qui est juste et profitable? Qui nous en donne le droit? Et où est la sagesse? On voudrait se reporter au jugement de Salomon. Mais ils se font rares, de nos jours, les vieux rois sages qui savaient administrer la justice. La vraie mère, elle, a toujours été prête à sauver son enfant, quitte à le perdre et à l'abandonner.

Faudrait-il comprendre que qui perd gagne ? Que quiconque ne sait pas choisir quand il faut accepter de lâcher du lest, finit par perdre, corps et biens, son navire ?

Les choix sont et ont toujours été difficiles.

Il importe donc que ces choix puissent être faits en toute lucidité. Qui aura cette clairvoyance ?

En quittant la réserve de Manawan, qui peut oser dire à ses habitants que cette langue qu'ils sont les derniers à parler, que cette langue qui est leur refuge, est aussi leur perdition ? C'est dans un livre, paru en 2001, que je m'aperçois qu'une romancière, Louise Simard qui publie des œuvres à succès, mélange de fresque historique et de récits d'aventures, *Thana, la fille-rivière*, ose prêter ces paroles à la Vieille : « As-tu bien vu ce qu'il y a dehors ? De pauvres maisons de bois, serrées les unes contre les autres comme des chiens frileux. Et ceux qui les habitent ont endormi leur mémoire pour ne pas être trop malheureux. Ils répondent à des noms de Blancs qui ne veulent rien dire, ils se vêtent avec les guenilles des Blancs, essaient de parler comme eux. Ils n'ont plus rien, ni langue ni tradition. Autrefois les chefs du peuple huron étaient les Grands-pères ; on réclamait leur avis. Ils étaient désignés pour allumer le feu du conseil. Ils parlaient les premiers et menaient les discussions. Regarde ! Que vois-tu maintenant ? Rien d'autre qu'un peuple à son crépuscule, qui chante et danse, et se soûle

pour oublier qu'il meurt. C'est ce que tu souhaites pour
ton peuple ? Réponds-moi ! »

Il ne faut pas oublier que si le livre a été publié
en 2001, les événements qu'il relate datent de 1734-35,
— un épisode de la guerre des Renards, entre les Français
et la tribu des Mesquakies. Mais, il me semble remarquable que, pour la première fois, une romancière
choisisse une fin heureuse, car cela ne se termine pas par
l'anéantissement du dernier rejeton de la race, mais au
contraire, par sa miraculeuse fuite et son sauvetage
auprès de tribus amies. Ce qui permet à l'héroïne de
s'écrier : « Quoi qu'il arrive maintenant, personne ne
pourra leur ravir cette victoire : l'enfant a retrouvé les
siens. Les Mesquakies sont immortels. »

Fragile victoire, certes, et qui n'a été possible que
par l'héroïsme de sa mère. C'est ce que son compagnon,
Kiala, comprend : « Dans ce monde nouveau, nos guer-
riers ne pourront plus rien. C'est par le ventre obstiné
des femmes que les Mesquakies survivront. »

Donc, une fois encore il semble que la seule survivance possible, la seule chance de ne pas mourir et disparaître tout à fait ne puisse s'accomplir que par la
« revanche des berceaux ».

Nous voilà donc, à nouveau, dans l'étau qui
s'offrait aux femmes des débuts de la colonie. Il faut des
enfants, un par an et souvent davantage, et cela donne
de belles et grosses familles, de dix, quinze et même
vingt enfants. Je n'ose poursuivre davantage sur cette
voie. Je change donc d'optique et j'ose me demander

ce qui est advenu des relations entre les hommes et les femmes...

Comme malgré elles, « les robes noires » nous ont montré leurs Indiens comme des êtres libres et insouciants, respectueux envers leurs femmes et leurs enfants, des êtres qui ne s'unissaient que de leur plein gré, où les femmes comme les hommes pouvaient choisir qui leur plaisait et vivaient harmonieusement ensemble, après. On se doute que si cela avait été le contraire, les robes noires n'auraient pas manqué de nous en avertir.

Il est troublant de constater que cela semble s'être effacé et que les Indiens d'aujourd'hui n'ont plus les qualités d'autrefois. Nombreuses sont les femmes autochtones, vivant dans des réserves, qui se plaignent de leurs compagnons. Les représentantes qu'elles se sont données viennent souvent sonner l'alarme. Instruites, cohérentes, intelligentes, féministes aussi, elles sont désormais nombreuses à se plaindre de leurs compagnons devenus brutaux et alcooliques. « Mauvais pères et mauvais époux ».

Voilà donc où nous les avons menés — sans doute avec les meilleures intentions du monde... Les robes noires ont réussi à les convertir et, ce faisant, les ont réduits à tresser de petits paniers d'osier et à bricoler quelques brimborions de cuir et de plumes.

Car, ceux qui restent ont été effectivement convertis. Je n'oserais pas dire que seule la religion a contribué à les perdre. Et pourtant, il semble que loin de les sauver, les valeurs chrétiennes aient contribué à leur déchéance et à leur délabrement.

Comment expliquer que ces hommes autrefois si doux, ne maltraitant jamais un enfant, respectant la liberté de leurs femmes, incapables de jalousie, toujours prêts à partager tout ce qu'ils avaient avec leurs frères, aient pu se métamorphoser ainsi en batteurs de femmes et d'enfants?

Bien sûr, autrefois comme aujourd'hui, il y a des réussites individuelles, des passages réussis d'un monde à l'autre, et qui essaient de nous faire croire que tout est possible. Ainsi, à la radio, il y a quelques mois, j'ai entendu le témoignage du premier chirurgien montagnais, Stanley Vollant, qui habite désormais à Baie-Comeau. Il a épousé une Blanche, médecin comme lui, et ils ont adopté une petite fille chinoise, puis ont eu leur propre enfant. Et il racontait tout cela dans l'allégresse, et dans le plus joli français du monde.

Il est donc possible de s'assimiler, pour le plus grand bien de celui qui réussit le « passage » mais aussi pour la société tout entière.

Que faut-il en conclure?

Avant de risquer la moindre conclusion, je vais repasser par un autre chemin, celui que tente de nous tracer Bernard Assiniwi dans les trois tomes de son *Histoire des Indiens du Canada*. Bernard Assiniwi, on s'en souvient est aussi l'auteur de *La Saga des Béothuks*.

Dès le premier tome, intitulé *Mœurs et coutumes des Algonkins et des Iroquois*, il prend bien soin de nous avertir : « S'attaquer à l'histoire pour un INDIEN semble bien prétentieux, surtout après avoir tant parlé du manque de connaissances qu'avaient certains historiens en matière de culture des INDIENS.

Et surtout après leur avoir reproché leur manque d'objectivité lorsqu'ils parlaient de nous.

C'est donc avec la ferme intention de ne pas verser dans l'autre extrême que je me suis mis à l'œuvre.

Je me refusai d'abord le droit de ne voir que d'un œil et de n'entendre que d'une oreille à cause de mon titre d'intégré à la vie urbaine, bercé par les deux cultures de mon enfance.

Mais à mesure que progressait mon travail de recherche, je sentais ce désir d'objectivité me quitter peu à peu, pour finalement en arriver à la conclusion suivante :

"Pourquoi devrais-je, moi, un INDIEN, être objectif, alors que les historiens appartenant aux autres groupes ethniques ne l'ont jamais été ?

Pourquoi moi, membre d'une famille culturelle et linguistique minoritaire, vivant dans un contexte géographique et social culturellement et linguistiquement minoritaire, devrais-je être objectif ?"

Et c'est avec un manque total et volontaire d'objectivité que j'ai pris la décision d'écrire ce que les historiens ont oublié ou omis volontairement de dire.

… Comme les autres historiens, en écrivant ce livre, j'ai la prétention de connaître les gens que je raconte, autant que les structures sociales, économiques, politiques et religieuses, si mal ou pas expliquées par les explorateurs, aventuriers et missionnaires qui vinrent il y a quatre cent et quelques années. »

On aurait bien voulu que Bernard Assiniwi écrive une nouvelle histoire, mais hélas, nous savons tous, désormais, que l'objectivité est un leurre. Cependant, choisir « un manque total et volontaire d'objectivité » ne nous éclairera guère, alors que nous aurions au contraire aimé une subjectivité qui ose s'affirmer.

Car personne, jamais, ne peut réellement franchir la barre du temps.

Quoi qu'il en pense, et malgré ses origines, Bernard Assiniwi ne peut réellement retourner en arrière, « il y a quatre cent et quelques années ». Bien sûr, il peut travailler sur cette époque révolue, avec acharnement et probité, en utilisant tous les outils et instruments désormais à sa portée, mais rien ne peut faire qu'il ne soit un homme du XXe siècle, et d'autant plus qu'il avoue s'être déjà « intégré à la vie urbaine » et « avoir été bercé par les deux cultures de [son] enfance ».

Bernard Assiniwi est mort et l'on ne peut donc discuter avec lui du vrai problème qu'il pose, celui qui attend tous les minoritaires, issus de communautés linguistiques, religieuses et culturelles. J'aurais envie de jouer à la maîtresse d'école pour un moment, et comme dirait Bernard Assiniwi lui-même, je vais m'accorder ce privilège. D'abord, je veux m'octroyer une petite récréation et citer un texte de Gertrude Stein ; d'abord parce que son œuvre m'est familière, m'a toujours stimulée et fait rire, mais surtout parce qu'elle résume de façon éblouissante le problème de la contemporanéité.

Dans «Comment l'écrit s'écrit» des *Lectures en Amérique*, elle affirme : «Ce dont je veux vous parler ce soir c'est simplement de ce problème général : comment l'écrit s'écrit. C'est un vaste sujet mais on peut le discuter en un très court laps de temps. Pour commencer voilà ce que chacun doit savoir : chacun est contemporain de son époque. Un très mauvais peintre a dit un jour à un très grand peintre : "Quoi que vous fassiez, vous ne pouvez vous débarrasser du fait que nous sommes contemporains." C'est ce qui se passe dans l'écrit. Vous êtes tous contemporains les uns des autres, et toute l'affaire de l'écrit c'est de vivre cette temporanéité. Chaque génération doit vivre là-dedans. Ce qui est important c'est que personne ne sait ce qu'est la contemporanéité. En d'autres termes, on ne sait pas où on va, mais on y va.»

Il ne s'agit donc que d'y aller! En se rappelant, toutefois, que toute sa vie Gertrude Stein a vécu cette situation de minoritaire et que cela lui a donné une force extraordinaire, lui a permis de comprendre mieux que quiconque la peinture d'un Matisse ou d'un Picasso, de vivre à sa guise et d'écrire comme personne d'autre auparavant. Car, redit-elle, «si vous ne vivez pas contemporainement, vous êtes un empoisonneur, et vous ne feriez qu'embêter tout le monde». C'est sans doute ce que font nos Indiens.

Certes, même si on n'ose sans doute jamais l'avouer publiquement, ils embêtent tout le monde. Comment ne le feraient-ils pas ? Depuis des siècles et des siècles, ils encombrent l'horizon. On a tout fait pour les assimiler, les intégrer, les amadouer et malgré les prévisions de toutes sortes, ils sont là, présents, rappelant à tout bout de champ qu'on pollue l'eau, l'air et le sol, se mêlant de tout, chasse et pêche, revendiquant de vieux droits anciens, des traités soi-disant caducs.

Dès que l'on veut faire de mirifiques projets, des affaires d'or et d'électricité, des barrages beaux comme des pyramides, on les trouve, menaçants, sur notre route. Il faut alors palabrer pendant des éternités, négocier à en perdre la voix, allonger des millions de dollars pour la moindre parcelle de cette terre toujours gelée et qu'ils ne cultivent même pas.

Certes, les griefs ne manquent pas. Mais surtout, on ne peut leur pardonner de continuer à exister malgré toutes les prévisions des savants, les calculs des mathématiciens. Ils ont donc eu raison contre toute logique. Indéracinables, jamais vraiment intégrés, assimilés, toujours à rappeler les jours anciens, de vieux griefs, des revendications échevelées.

Parfois, quand même, on conclut des ententes comme celle de la Convention de la Baie James, qui vient de fêter son quart de siècle. Mais on s'aperçoit que « le boom démographique qu'ont connu les communautés autochtones amène de nouvelles préoccupations, notamment au plan de la formation, de l'emploi et du logement. Donc, encore et toujours ils posent problème, nous forcent à nous interroger sur nos bonnes et belles intentions ; ils nous réduisent à la mauvaise conscience du colonisateur, refusent de se laisser englober ou de s'effacer dignement.

Et ils sont toujours là, Cris, Inuits et Naskapis. Et leur population a plus que doublé depuis 1964.» (*Le Devoir*, page G4, 13-14 octobre 2001).

Ils ont donc gagné la revanche des berceaux. Il faut aussi dire que la «conversion des Sauvages des Robes noires» l'a été également. Car leurs descendants, métis comme «indiens pure laine», sont chrétiens, catholiques le plus souvent au Québec.

Une fois de plus, je vais aller chercher dans les livres les témoignages et les visions qui me manquent dans la réalité. Et je me souviens tout aussitôt d'une des plus belles nouvelles d'Anne Hébert, une des plus riches et lourdes de sens, de révolte. Quelques pages lui suffisent pour évoquer Québec, avec l'antagonisme entre Basse-Ville et Haute-Ville. L'action se situe à l'été de 1890. (La nouvelle a été terminée à l'automne de 1962.) *Un grand mariage* se trouve à faire le procès de toute la riche et bourgeoise société québécoise de l'époque et commence par ces quelques lignes :

«Augustin Berthelot sortit de la Basilique, Marie-Louise de Lachevrotière à son bras. La noce suivant en bon ordre, tandis que la musique d'orgue déferlait en ondes sonores jusque sous le parvis où quelques gamins s'accrochaient aux grilles pour mieux voir les mariés. »

Mariage arrangé, mariage de raison, mariage d'argent qui permettra à Augustin, fils de la Basse-Ville, né dans la petite rue Sous-le-Cap d'une mère blanchisseuse et d'un père cordonnier d'épouser « la cinquième des demoiselles de Lachevrotière qui se trouvait encore libre ».

Mariage arrangé par le Chanoine Painchaud qui fait miroiter aux yeux du père de Marie-Louise la fortune et le sens inné des affaires d'Augustin alors que sa seigneurie de Saint-Joachim est largement hypothéquée. Affaire conclue. Devant Dieu et les hommes, ils seront unis pour la vie.

Il en existe sans doute beaucoup des mariages de la sorte à l'époque. Il ne s'agit alors que de sauver les apparences. Ils s'y emploieront.

Et voilà qu'un matin, un commis annonce à Augustin : — « Pardon Monsieur, il y a aussi une dame qui vous a demandé à plusieurs reprises…

— Une dame, Nicolas ?

— Une dame… c'est-à-dire une femme, oui Monsieur, plutôt une femme qu'il faudrait dire, Monsieur, je crois.

Et après quelques instants il continue :

— Une femme, oui, Monsieur, c'est-à-dire plutôt une sauvagesse qu'il faudrait dire, je crois, Monsieur… Oui, une sauvagesse. »

Et voilà qu'elle fait irruption dans l'histoire, cette dame, cette femme, cette sauvagesse, cette Indienne, cette Métisse. Comment l'appeler cette Délia, cette amoureuse, cette chrétienne qui a aimé d'amour cet homme, dans le Grand Nord ? Dix ans vécus ensemble et l'amour était violent et, pourtant, elle ne lui avait cédé qu'après qu'il lui eut juré « sur la médaille » de l'épouser, plus tard, quand ce serait possible. Et elle l'avait cru, lui avait fait confiance.

Mais, fortune faite dans ce Grand Nord où il l'a rencontrée, et abandonnée, Augustin s'est refait une nouvelle vie. Le voilà, se croyant libre, ayant tout oublié de ses promesses jusqu'à ce jour où Délia, demi-morte de fatigue, de faim, d'épuisement, se dresse devant lui. Toute une journée, à travers Québec, il cherche à l'éviter alors que tout le monde lui répète qu'une Indienne, une sauvagesse, une maudite sauvagesse le réclame un peu partout, à haute et distincte voix. Et lui, finalement, se décide à l'aborder : « Mais comment as-tu fait pour venir jusqu'ici ? »

Oui, comment ? Elle ne lui en dit rien, ne lui en dira jamais rien de ce périple qui me fait un peu songer à celui de la Mendiante dans le *Vice-Consul* de Duras.

Elle, ce n'est pas la faim mais l'amour qui l'a poussée et qui la pousse encore à rechercher celui qui l'a si honteusement trahie — ainsi que sa propre parole d'honneur.

Son calvaire consistera donc à continuer d'éprouver une passion pour cet homme sans parole ni honneur, cet homme désormais légalement et religieusement marié mais qu'elle veut continuer à voir coûte que coûte.

… « Le respect quasi superstitieux de Délia pour tout engagement consacré par l'Église, ne lui laissait bientôt pour seule défense que cette résolution désespérée qu'elle avait prise de ne point perdre Augustin de vue et d'habiter désormais la ville de Québec, pour l'apercevoir de temps en temps, ne fût-ce qu'au détour d'une rue. Elle se trouverait bien du travail et rien, ni personne ne pouvait l'empêcher de vivre là où elle le désirait, dans le rayonnement même de cet homme qui l'avait possédée et détruite.

Ni le Chanoine ni Augustin ne purent venir à bout de la fermeté de Délia. »

Et pourtant le Chanoine, envoyé comme ambassadeur par Augustin, ne ménagea pas ses efforts et ses effets de style. « Ni la grande allure du chanoine, ni cette croix d'argent qu'il lui tendit et qu'elle porta à ses lèvres, avec respect et vénération, n'impressionnèrent Délia. » Et pourtant, il n'épargna aucun argument, osant même faire miroiter un futur possible à Délia : « Qui sait si, un jour, un brave homme de métis chrétien, touché par la charité, ne se montrerait pas disposé à oublier cette triste aventure de la Baie d'Hudson et à épouser Délia tout simplement ? Rien n'est perdu pour qui sait espérer en Dieu. »

Délia ne répondit pas un mot à ce discours lénifiant.

« Nul ne put dire au juste comment cela se fit, mais un jour, Délia, la métisse du Grand Nord, entra en service chez Madame Augustin Berthelot qui, depuis des mois, accumulait les ennuis au sujet de domestiques peu consciencieux. »

Des semaines passèrent et ce qui devait arriver arriva, un jour que Marie-Louise alla rendre visite à ses parents, Augustin en profita pour frapper à la porte de Délia tout « au fond d'un minuscule corridor, loin du quartier réservé aux domestiques, dans cette partie du grenier qui servait de réserve pour des guirlandes de beaux oignons, des pyramides de citrouilles orange et des barils de pommes sures ».

Et Délia accueillit Augustin. « Quant à Augustin il retrouva intact et vif le goût qu'il avait eu pour Délia la première fois qu'il l'avait prise, grande et musclée pour ses seize ans. »

Et la vie bourgeoise put reprendre son cours. Marie-Louise accoucha d'un fils et au soir du baptême, Augustin et elle firent un pacte : maintenant qu'un héritier leur était né, les époux convinrent que toute vie conjugale entre eux s'avérait inutile et indécente. La jeune femme émit ses conditions sur un tel ton de menace qu'Augustin demeura persuadé qu'elle était au courant de tout et que cela l'arrangeait de se débarrasser de certaines corvées, au profit de sa servante.

La Bible nous a déjà préparés à des arrangements de cette sorte. Donc, tout est bien.

Et les années passèrent ainsi. Mais seule Délia demeura la même. Depuis qu'Augustin était retourné dans sa chambre : « Après avoir calmement enlevé ses vêtements, elle passa par-dessus sa tête la chaîne d'argent avec la médaille de Notre-Dame qu'elle n'avait jamais quittée.

Délia ne devait plus reprendre la chaîne et la médaille, abandonnant ainsi toute prière, tout recours à la grâce de Dieu, entrant d'un coup dans sa vie d'amoureuse honteuse à qui nul pouvoir du Ciel ou de la terre, croyait-elle, ne pourrait jamais rendre la fierté perdue ».

Vaincue, humiliée et pourtant toujours résolue à ne rien faire qui puisse être contraire à sa foi.

Car les années ont beau passer, Délia ne fléchit pas et rien ne peut la faire renoncer à ses convictions les plus profondes, rien n'entame sa détermination. À Noël, à Pâques : « Toute la maison Berthelot s'agenouillait pour communier en bon ordre : les maîtres d'abord, père, mère et fils, puis les domestiques par ordre d'ancienneté...

... Seule Délia la métisse demeurait à sa place, à genoux sur son prie-Dieu, la tête dans ses mains. Ni les supplications, ni les menaces d'Augustin, jointes à ses colères exaspérées, n'avaient pu fléchir Délia. Le seul point auquel elle s'accrochait de toutes ses forces, comme à ce qui lui restait d'honneur, demeurait ce refus de communier, de crainte de commettre une imposture vis-à-vis de ce Dieu qui l'avait abandonnée ».

Ainsi se termine cette nouvelle dont j'ai surtout cité les passages se rapportant à Délia. Et je regrette amèrement de ne pas avoir interrogé A.H., sur les sources de cette nouvelle. Je ne l'ai pas fait — et tant pis pour moi. Je reste donc libre de l'interpréter comme je le crois. (Par contre je lui ai souvent dit que, avec *La Mort de Stella*, et *Un grand mariage*, elle avait réussi deux textes d'une étonnante profondeur, pleins de révolte et de revendication sociale, pleins d'amour et de tendresse, et que sa Marie Gauvin aurait pu être une petite sœur de la Mouchette de Bernanos.)

Mais revenons à Délia et à nos Indiens.

Voilà donc une baptisée qui aurait pu faire l'orgueil des missionnaires. Une vraie croyante dont toute la vie est habitée par une vraie foi. Certes, elle ne mène pas la vie de renoncement aux plaisirs de l'amour qu'ils auraient aimé lui inculquer. Mais c'est une foi sans compromission, sans arrangements nécessaires.

Faudrait-il lire que, dans ce milieu conventionnel du Québec d'autrefois, seule une Indienne, une Métisse, pouvait s'affranchir de l'opinion publique et aller son chemin, droit devant elle, n'écoutant que les voix de l'amour et de sa conscience, mais incapable de « tricher » avec les commandements de Dieu ?

C'est bon pour les Blancs de tricher, encore et encore. Délia l'apprend à ses dépens. Car elle s'est fiée à la parole donnée, elle a cru en la bonne foi de cet homme. Je retourne au texte : « Délia pleura doucement, ce grand cri de revendication qu'elle avait porté si longtemps se fondant soudain en des torrents de larmes enfantines. Elle répétait : "Tu l'avais promis. Tu l'avais juré au nom du Christ et de l'Église. Souviens-toi. Tu as fait serment sur la médaille". »

Tant de traités, sans doute, furent ainsi obtenus, signés par ceux qui savaient lire et écrire et paraphés par des autochtones qui ne savaient même pas signer leurs noms. Tant de traités. Tant de mauvaise foi de la part des nouveaux venus qui utilisent à leur avantage la naïveté de leurs « Indiens ».

Dans *Le Pays renversé*, de Denys Delâge, on trouve cette citation en exergue, tirée des *Relations des Jésuites* de 1636 : « Quelques-uns nous disent : pensez-vous venir à bout de renverser le pays ? C'est ainsi qu'ils appellent le changement de leurs vies païennes et barbares en une vie civile et chrétienne. »

Certes, ils ont réussi non seulement à renverser le pays, mais à se l'approprier totalement. Jamais, sans doute, n'ont-ils compris, ces malheureux Sauvages, qu'on pouvait ainsi « acheter », une fois pour toutes, cette terre immense, lacs et forêts à l'infini. La Terre, la Mère, ne s'achète pas, ne peut s'acheter.

C'est donc sur cette méprise, sur cette équivoque que tous les traités qui furent échangés et signés au cours des siècles et du temps, le furent.

Comment les Indiens de l'époque auraient-ils osé refuser le droit de passage ?

Comment aborder cette histoire, une fois encore ? Par le commencement, sans doute. Voilà ce que nous dicte le bon sens le plus prosaïque. Mais le bon sens est rarement convoqué ces jours. Et quoi qu'on en dise, ce sont souvent les romanciers, dans leurs chimères, qui viennent proposer les solutions les plus justes parce que les plus simples. Je me suis souvenue de Ringuet, subitement, le Ringuet de *Trente arpents*, si profondément enraciné dans la terre, sa terre. Mais je me suis aussi souvenue qu'il était l'auteur de *Un monde était leur empire*. Je suis donc allée le chercher en bibliothèque. Sagement et scolairement relié en bleu.

Trente arpents date de 1939 et inaugure la première grande période du roman canadien-français. *Un monde était leur empire* a été publié en 1943. Qu'est-ce qui a poussé Ringuet, alias Philippe Panneton, médecin, à subitement s'intéresser à notre histoire commune, notre préhistoire ? Car voilà où il innove. « Son abrégé de la préhistoire américaine », loin de ne satisfaire personne, comme il le craint, se lit de bout en bout. Et il a l'intelligence de comprendre qu'il faut l'aborder par le commencement.

« Telle que présentée d'ordinaire, l'histoire du Nouveau Monde, et celle du Canada, commenceraient pour nous au moment de l'arrivée des Européens en Amérique ; et des milliers, des mille milliers d'années qui avaient passé sur notre continent jusqu'à cette date insigne, on ne dit jamais rien. Pourtant, la terre canadienne existait et vivait de sa vie propre depuis longtemps, très longtemps déjà...

... De sorte que le premier regard que jette l'étudiant américain-canadien ou autre sur cette terre sienne dont on lui montre une seule partie de la légende et de l'histoire, est un regard non pas américain mais bien "européen". On le fait en quelque sorte arriver en cette terre de "l'extérieur", comme un étranger. Or nous ne sommes pas étrangers ; "nous ne sommes pas européens".

... Cette préhistoire du Canada — ce livre premier de l'histoire d'Amérique — je voudrais qu'elle soit avant tout l'histoire du sol sur lequel nous vivons et qui de plus en plus, en nous modifiant insensiblement, nous fait siens. »

Et voilà proclamé, pour la première fois, le droit du sol. Droit du sol, devenu premier droit, droit structurant de toute identité. Et pourquoi pas ? Ringuet insiste :

« Nous avons vu quel passé l'Indien peut évoquer comme sien. Ce passé, il le peut sans crainte comparer à celui de tous les autres peuples ; car s'il y trouve d'une part les mêmes luttes, les mêmes souffrances, les mêmes superstitions et les mêmes cruautés, il verra d'autre part le même laborieux triomphe sur une nature rétive, les mêmes gloires guerrières, le même patriotisme héroïque, la même recherche du beau. N'est-il pas profondément regrettable que l'habitant des actuelles Amériques, quelle que soit son origine, ne songe point à annexer tout cela à son propre passé et qu'il ne consente point à ce que l'histoire de son pays soit, non pas comme maintenant l'histoire de la conquête violente par les étrangers dont il descend mais, comme elle devrait l'être, l'histoire de la Terre qu'il habite et que d'autres, des hommes comme lui, avaient habitée avant lui ? »

Par cette seule modification de l'histoire, tant d'autres problèmes se trouveraient résolus, sans effusion de sang ni de larmes. Pensons-y. Nous avons commencé tant d'histoires qui ne nous engageaient à rien, ainsi : « Il était une fois ».

Moi, je sais me plier aux lois de l'assimilation. Depuis que je suis toute petite (et cela me donne sans doute une bonne longueur d'avance). J'ai changé de pays, de langue, de foi aussi. Je me suis adaptée aux lois nouvelles des nouvelles histoires. Ma grand-mère qui était fière de ses « origines » prétendait descendre de la reine de Saba. Cela me paraissait trop beau pour être vrai et je ne m'en vantais pas! Et puis dans les manuels d'histoire de la IIIᵉ République, il y eut «Nos ancêtres les Gaulois».

Je ne m'en offusquai pas davantage. Nos ancêtres les Gaulois avaient bon dos et c'était commode de les avoir, en réserve, mais tellement loin qu'ils ne venaient jamais nous faire la leçon. L'école de la IIIᵉ République était laïque et fière de l'être et nous obligeait toutes à porter un tablier identique, et jamais aucun signe distinctif, croix, médaille, étoile de David. L'école était laïque et la religion «privée», réservée aux jeudis fériés.

Je continue à croire qu'elle était la seule école qui vaille qu'on se batte pour elle, une école où on apprenait à connaître les autres et à respecter leurs différences. Mais qui oserait, aujourd'hui, continuer à la défendre? Ces militants purs et durs d'autrefois, semblent s'être dissous avec l'époque.

Car l'époque est dure, aujourd'hui, molle, féroce, invivable, l'époque est dure, pour tous, Indiens, Métis, Blancs de toutes origines, immigrés de partout, Canadiens de souche comme Québécois pure laine. Comme tous les vieux, sans doute, je commence à regretter les temps de l'enfance, les temps anciens, autrefois, où toute la vie et ses merveilles devaient nous attendre, à la sortie des classes.

Peut-être que les écoles d'aujourd'hui susciteront, plus tard, bien plus tard, d'autres nostalgies. Ringuet était de son temps et de son époque lui, il avait dû lire les mêmes manuels anciens que moi, les mêmes histoires et géographies où l'on nous apprenait, une fois pour toutes, que quatre grandes races peuplaient la terre : la blanche, la noire, la jaune et la « rouge ».

Et je lui redonne la parole : « Or il n'y eut jamais d'hommes rouges. Il n'y a entre les mongols, jaunes d'Asie, et les mongoloïdes, jaunes d'Amérique, aucune différence importante de teint. Bien plus, les cheveux, les yeux, la forme du visage, et même des caractères inconstants comme la fameuse "tache mongolique" tout, dans leurs traits, crie la parenté. Mais pour avoir aperçu des indigènes de Terre-Neuve ou d'ailleurs le visage barbouillé d'ocre rouge, certains voyageurs jobards ou gascons les baptisèrent "peaux-rouges" ; et "Peaux-rouges" ils sont restés.

C'est peut-être là le plus bel exemple d'erreur scientifique passée à l'état de dogme universellement accepté. »

Combien d'erreurs scientifiques faudra-t-il encore pour que nous acceptions que, peut-être, tous tant que nous sommes, sommes véritablement frères, ou plutôt enfants de la même terre, unis par tout ce qui pourrait nous réunir et qui ne nous sépare que trop souvent ? En regardant les enfants sortir de la maternelle, je m'émerveille souvent de les voir riant et chantant, garçons et filles, encadrés par des jeunes gens qui semblent les conduire avec gentillesse vers le petit parc où ils vont jouer tout à l'heure, tous ensemble, « tous amis ».

Oui, c'est ainsi qu'on leur parle désormais, à ces petits hauts comme trois pommes, ces petits « tricolores », noirs, jaunes, blancs, qui jouent tous ensemble, tous « amis », très petits encore, avec de belles joues rouges, les uns comme les autres, les petits qui jouent ensemble et sont tout rouges de soleil et de rire, la goutte au nez et les yeux brillants, car ils sont « amis » et jouent en toute liberté, là dans le petit parc de la Côte-des-Neiges. Je ne peux m'empêcher de croire que là est l'avenir.

Car, chaque fois que j'ouvre un livre, je ne peux qu'être accablée par ce que je lis. Même Ringuet se voit forcé d'écrire : « Quel avenir attend ce qui, des Amériques, est encore véritablement américain, ou pour employer un terme scientifique et exact, "amérindien" ? Que les aborigènes vivant dans l'Amérique "européenne", soient appelés à disparaître, cela est indubitable. Mais ils ne disparaîtront point par voie d'extinction ; les statistiques les plus récentes nous démontrent en effet que la "race rouge" a récemment trouvé une nouvelle vitalité. Ils seront engloutis dans une masse étrangère où ils ne sont désormais qu'une infime minorité.

Pendant quelques décades, peut-être un siècle, il y aura encore des Abénakis qui chasseront la fourrure, des Haidas qui pêcheront le saumon… Mais la fin pour ceux-là est inévitable. »

Donc, voilà enfin confirmée, une fois encore, la sinistre déclaration d'extinction. Il n'y a pas, il n'y aura pas de futur, au propre comme au figuré. La mémoire est une étrange chose. La mémoire ne demande qu'à s'effacer. Et par un double hasard, j'ai retrouvé, l'autre jour, l'unique étudiante amérindienne que j'ai connue à l'université : Micheline C. Et je ne l'avais pas du tout oubliée, car devant un café j'ai pu renouer le dialogue avec elle.

Cela faisait plus d'un quart de siècle et je me souvenais d'elle, parfaitement.

Et cette fois-ci j'ai osé lui poser les questions qui devaient me tarauder depuis longtemps. J'ai osé lui avouer que j'avais été très impressionnée par elle, par la qualité de ses travaux, de son engagement politique — car elle travaillait dans les prisons —, mais que je ne l'avais pas crue lorsqu'elle accusait les Blancs de pratiquer sciemment des stérilisations sur les femmes qui venaient les consulter.

Elle m'a alors indiqué l'ouvrage où je trouverais ces faits qui m'avaient semblé tellement révoltants à l'époque que je les avais simplement « oubliés ».

Car, si l'on veut survivre, il faut oublier. Mais je retrouve trace du livre, à la bibliothèque, *Les Chiens s'entre-dévorent* de Jean Morrisset. En préambule, il indique : « Cet ouvrage est une version remaniée d'un rapport soumis au Gouvernement du Canada en 1975, dans le cadre du programme socio-écologique (Pipe-lines du Nord) sur les conséquences du développement de couloirs énergétiques dans le Grand Nord. »

Il s'agit donc d'une étude sérieuse, commandée à Jean Morrisset par le gouvernement.

Pour tous ceux qui s'intéressent à ces problèmes de développement, c'est évidemment tout le texte qu'il faudrait citer. Moi, je me contente d'aborder le chapitre : LIMITATION DES NAISSANCES.

« ... On a instauré une politique de contraception des plus efficaces (ligature des trompes) pour toute Indienne selon les critères suivants : toute femme qui a six enfants, toute femme de 25 ans avec cinq enfants, de 30 ans avec quatre enfants et de 35 ans avec trois enfants[2]. »

La note 2 se lit comme suit : « Selon les gens du MacKenzie, une telle opération aurait été pratiquée dans les hôpitaux du Canada méridional, et ce, à l'occasion de séjours occasionnés pour d'autres traitements et souvent à l'insu des Indiennes qui la subissaient. »

Le texte continue : « Vous en conclurez ce que voudrez, mais sachez que tous les Indiens du MacKenzie considèrent le contrôle des naissances comme le contrôle des Blancs et qu'ils n'ignorent pas qu'on a dit que l'un des meilleurs services qui pourraient être rendus au Nord serait la stérilisation de toutes les Indiennes. » (Nouvelle Optique, p. 60)

Voilà, l'énormité est énoncée, et comme toujours, les « révisionnismes » pourront se mettre en place, pour essayer de nous blanchir, nous les Blancs qui devrions, plutôt, et plus souvent qu'à notre tour, être rouges de honte.

Mais il faut laisser la honte à sa place, surtout se méfier d'elle, qui n'est qu'une autre mauvaise conseil-lère ; comme sa sœur la paresse, ou son autre sœur la peur, elle est « mère de tous les vices ». J'y crois, croyez-moi. Non, désormais, il ne faut plus rougir de honte, pâlir d'envie, de rage, de colère, que sais-je. Ou plutôt, je ne sais plus qu'une chose, l'époque est dure et c'est à nous de la rendre meilleure, « Un jour à la fois ». Le passé est passé, il ne nous appartient plus, et nous ne pouvons plus rien changer au rôle que nous y avons tenu. Le futur est aussi incertain que la météo nous le prédit. Donc, au jour le jour, il nous reste le présent. « Un jour à la fois ». Sans doute que, dès demain, la neige va neiger. Comme il est douloureux le « spasme de vivre à la douleur que j'ai », mais aujourd'hui le ciel est bleu, sans nuage.

Et on vient de signer une nouvelle entente entre le Québec et la nation crie, une entente soigneusement écrite par les deux parties, longuement négociée. Car, désormais, les négociateurs amérindiens sont des avocats aguerris et ils ont compris qu'ils devaient se montrer aussi prudents et avisés à la table des pourparlers qu'autrefois sur les sentiers de la guerre. C'est le sort de tous leurs descendants qui s'y joue. Or, ces descendants sont jeunes, et ils sont nombreux, et ils veulent vivre et travailler à leur guise. Et il semble que cette nouvelle entente leur permettra de le faire. C'est ce que le journal d'aujourd'hui met en manchette : « Enfin l'espoir ! ».

Avec toutes les forces qui me restent, je veux le croire.

BIBLIOGRAPHIE

Par ordre d'apparition

La Saga des Béothuks, Bernard Assiniwi, Leméac, coll. « Babel », 1996.

Histoire des Indiens du Haut et Bas Canada, Tomes I, II et III, Bernard Assiniwi, Leméac, 1973.

Atala et le Voyage en Amérique, Chateaubriand.

Guerres (traduction de *The Wars*), Timothy Findley, Hurtubise HMH, 1977.

Un vent se lève qui éparpille, Jean-Marc Dalpé, Prise de Parole, 1999.

La Grande Paix de Montréal de 1701, Gilles Harvard, Recherches amérindiennes au Québec, 1992.

Romans, Louis-Ferdinand Céline, Gallimard, coll. « Pléiade ».

Histoire de ma vie, George Sand, Gallimard, coll. « Pléiade ».

Relation d'un voyage chez les Sauvages de Paris, G. Sand, 1865.

Le Missionnaire, l'apostat, le sorcier, édition critique de Guy Laflèche, de la *Relation* de 1634, de Paul Lejeune, P.U.M., 1973.

Pieds nus sur la terre sacrée, recueil de Teri McLuhan, photos de S. Curtis.

Essais, Montaigne.

L'Autre Amérique, (long métrage), Jean-Pierre Masse.

Le Sort de l'Amérique, film long métrage, Jacques Godbout, ONF 1996.

« Le métissage et la cohabitation », Denis Vaugeois, *Le Devoir*, 2001.

Neuf jours de haine, Jean-Jules Richard, Montréal, 1948.

Louis Riel Exovide, Éditions La Presse, 1972.

Écrits en Huronie, Jean de Brébeuf, BQ, 1996, préface de G. Thérien.

Et puis quelques lectures...

Le Monolinguisme de l'autre, J. Derrida, Galilée, 1996.

Rouge, mère et fils, Suzanne Jacob, Seuil, 2001.

Les Enfants d'Aataentsic, Bruce Trigger, Libre expression, 1991.

Les Indiens, la fourrure et les Blancs, Bruce Trigger, Boréal, 1990.

Thana, la fille-rivière, Louise Simard, Libre expression, 2001.

Lectures en Amérique, Gertrude Stein, Bourgois.

« Un grand mariage », Anne Hébert, *in Le Torrent*, Hurtubise HMH, 1963.

Un monde était leur empire, Ringuet, Variétés, 1943.

Les Chiens s'entre-dévorent, Jean Morrisset, Nouvelle Optique, 1976.

Collection L'Arbre

Romans ▪ Récits ▪ Contes ▪ Nouvelles ▪ Théâtre